SUORAAN AMMAN SYDÄMESTÄ

Keskusteluja
Sri Mata Amritanandamayin Kanssa

Mata Amtitanandamayi Mission Trust
Amritapuri, Kerala, India

Suoraan Amman sydämestä

Keskusteluja Sri Mata Amritanandamayin Kanssa

Kirjoittanut Swami Amritaswarupananda

Julkaisija:
Mata Amritanandamayi Center
P.O. Box 613
San Ramon, CA 94583
Yhdysvallat

———————— *From Amma's Heart (Finnish)* ————————

Ensimmäinen painos MA Centerin: huhtikuu 2016

Yhteystiedot suomessa löytyvät sivuilta: www.amma.fi

Intiassa:
www.amritapuri.org
www.embracingtheworld.org
inform@amritapuri.org

*Nöyrästi luovutamme tämän kirjan
rakastamamme Amman lootusjalkojen juureen,
joka on kaiken kauneuden ja
rakkauden lähde.*

Sisältö

Esittely

Inhimillinen elämä ilman kielellistä vuorovaikutusta olisi köyhää. Ajatusten vaihtaminen ja tunteiden jakaminen on olennainen osa elämää. Mutta vain rukoilemalla ja meditoimalla voimme saavuttaa hiljaisuuden, joka auttaa löytämään sisäisen rauhan ja aidon onnellisuuden tässä hälinän, ristiriitojen ja kilpailun maailmassa. Ihmisten joutuessa tavallisessa elämässään jatkuvasti monenlaisiin vuorovaikutuksiin, hiljaisuuden säilyttäminen on vaikeaa. Mutta vaikka ympäristökin tukisi meitä, hiljaisuuden tilassa pysyminen on silti vaikeaa. Hiljaisuus saattaa jopa saada tavallisen ihmisen mielen järkkymään. Mutta autuuden täyttämä hiljaisuus on joka tapauksessa jumalallisten persoonien, kuten Amman, todellinen luonto.

Tarkkailtuani Ammaa erilaisissa tilanteissa, eri suunnilta tulevien ja erilaisten ihmisten parissa, olen huomannut, miten loistavan tyylikkäästi ja täydellisesti Amma "kääntää katkaisijaa" mielialasta toiseen. Hän muuttuu hetkessä henkisestä mestarista myötätuntoiseksi äidiksi. Yhtenä hetkenä hän on kuin lapsi ja seuraavana puolestaan hallinnollinen johtaja. Toimittuaan neuvonantajana CEO:n, palkittujen tiedemiesten ja maailman johtajien kokouksessa, Amma nousi sen päätyttyä täysin eleettömästi ja käveli tilaisuudesta darshansalille ja ryhtyi vastaanottamaan ja lohduttamaan tuhansia erilaisista elinympäristöistä saapuneita lapsiaan. Amma käyttää yleensä koko päivän ja suurimman osan yöstäänkin, lastensa lohduttamiseen ja heidän surujensa kuuntelemiseen. Hän pyyhkii heidän kyyneleensä ja valaa heihin uskoa, luottamusta ja lujuutta. Amma pysyttelee kaiken aikaa itselleen luontaisessa seesteisessä tilassa. Milloinkaan hän ei valita eikä väsy. Hänen kasvoillaan loistaa aina säteilevä hymy. Amma, yli-ihminen, tavallisen ihmisen hahmossaan, lahjoittaa jokaisen elämänsä hetken muille.

Miten Amma eroaa meistä muista? Mikä on hänen salaisuutensa? Mistä on lähtöisin hänen ääretön voimansa ja energiansa? Ollessasi Amman läheisyydessä vastaus paljastuu sinulle hyvin selkeänä ja käsin kosketeltavana. Hänen omat sanansa ilmaisevat sen näin: "Sisäisen hiljaisuuden määrästä riippuu sanojesi kauneus, tekojesi aitous ja liikkeittesi sulokkuus. Ihminen kykenee paneutumaan yhä syvemmälle ja syvemmälle tuohon hiljaisuuteen. Mitä syvemmälle yllät, sitä lähemmäksi ääretöntä Jumalaa pääset." Amman olemuksen sisin on syvä hiljaisuus. Tästä äärettömästä hiljaisuudesta Amma ilmentää näkyvään maailmaan ehdotonta rakkautta, uskomatonta kärsivällisyyttä, tavatonta armoa ja puhtautta – kaikki se on hänen huikean hiljaisuutensa ilmausta.

On ollut aika, jolloin Amma puhui eri tavalla kuin tänä päivänä. Tätä häneltä kerran kysyttäessä, Amma vastasi: "Vaikka Amma olisi puhunut niin kuin nyt, te ette olisi silloin ymmärtäneet mitään." Miksi? Amma on pysyvästi niin korkeassa ja hienovärähteisessä tilassa, että emme yksinkertaisesti voi käsittää sitä, tietämättömiä kun olemme. Miksi Amma sitten puhuu? Amma itse kertoo: "Jos kukaan ei opastaisi totuuden etsijöitä, he saattaisivat jättää tien ajatellen, ettei Itsen toteutumisen tilaa olekaan."

Amman kaltaiset suuret sielut mieluimmin vaikenisivat tämän meidän tuntemamme maailman tuolla puolen olevasta todellisuudesta. Amma tietää erittäin hyvin, että sanat väistämättä vääristävät totuuden. Sen lisäksi meidän rajoittunut, tietämätön mielemme tulkitsee sitä virheellisesti tavalla, joka häiritsee mahdollisimman vähän egoamme. Siitä huolimatta tämä myötätunnon henkilöitymä puhuu meille, vastaa kysymyksiimme ja hälventää epäilyksiämme, vaikka tietää varsin hyvin, että mielemme keksii aina vain lisää hämmentäviä kysymyksiä. Siitä huolimatta Amma kärsivällisesti ja pyyteettömästi ihmiskuntaa rakastaen jatkuvasti vastaa hupsuihin kysymyksiimme eikä lopeta ennen kuin meidänkin mielemme saavuttaa autuuden rauhan.

Tähän kirjaan tallennetuissa keskusteluissa, Amma, mestareiden Mestari, laskee mielensä lastensa tasolle ja auttaa siten lapsiaan saamaan välähdyksen siitä pysyvästä todellisuudesta, joka on muuttuvan maailman perusta.

Näitä viisauden helmiä olen koonnut vuodesta 1999. Melkein kaikki keskustelut ja koskettavat tapahtumat olen kerännyt Amman kiertueilta länsimaissa. Istuessani Amman lähellä darshanien aikana olen saanut kuunnella hänen sydämensä jumalaisen yleviä säveliä, joita hän on aina valmis lahjoittamaan lapsilleen. Hänen mutkattomia, syvällisiä ja vilpittömiä sanojaan ei ole helppo "vangita". Siihen minun kykyni ei todellakaan riitä. Hänen syvän ja äärettömän myötätuntonsa ansiosta olen kuitenkin onnistunut taltioimaan niitä esittääkseni ne nyt tässä.

Niin kuin Ammalla, myös hänen sanoillaan on aistihavaintojen tuolle puolelle yltävä, ihmismielelle käsittämätön, ääretön syvyys. Minun on tunnustettava oma kyvyttömyyteni täysin ymmärtää ja arvostaa Amman sanojen syvempää merkitystä. Koska mielemme vaeltaa turhissa ja merkityksettömissä, ulkokohtaisissa asioissa, emme kykene todella käsittämään tuosta, Amman korkeimman tietoisuuden tilasta kumpuavaa puhetta. Koen hyvin vahvasti, että nyt tässä kirjassa Amman sanoihin sisältyy jotakin aivan erityistä, jotakin sellaista, mitä aiemmissa kirjoissa ei ole ollut.

Hartain toiveeni on ollut valita ja esitellä Amman lastensa kanssa käymiä kauniita ja vapaamuotoisia keskusteluja. Niiden keräämiseen minulta meni neljä vuotta. Niiden aihepiiri kattaa koko maailmankaikkeuden. Koska Amman sanat nousevat hänen tietoisuutensa syvyyksistä, heti niiden pinnan alla on syvä, siunattu hiljaisuus, Amman todellinen olemus. Lukiessasi seuraa herkästi tuntemuksiasi. Mietiskele ja meditoi niitä. Silloin sanat tulevat paljastamaan sinulle syvemmän merkityksensä.

Rakkaat lukijat, olen vakuuttunut, että tämän kirjan sisältö häivyttää epäilyksenne ja puhdistaa mieltänne kohottaen ja rikastuttaen siten henkistä totuuden etsintäänne.

Swami Amritaswarupananda
15.syyskuuta, 2003.

11

Elämän tarkoitus

Kysyjä: Mikä on elämän tarkoitus?

Amma: Riippuu siitä, mitä pidät ensisijaisena ja miten suhtaudut elämään.

Kysyjä: Kysymykseni on, mikä on elämän "todellinen" tarkoitus.

Amma: Sen todellinen tarkoitus on kokea, mitä on tämän fyysisen elämän tuolla puolen.

Kaikki kuitenkin suhtautuvat elämään eri tavalla. Useimmat pitävät elämää jatkuvana selviytymiskamppailuna. Sellaiset ihmiset uskovat "paras pärjää" hokemaan. He ovat tyytyväisiä tavanomaiseen elämään. He ovat tyytyväisiä esimerkiksi saatuaan työpaikan, talon, auton, vaimon tai aviomiehen ja lapsia sekä riittävästi rahaa elämiseen. Kyllähän ne ovat tärkeitä asioita. Tuleehan meidän keskittyä jokapäiväiseen elämiseen ja huolehtia pienistä ja suurista velvollisuuksistamme, mutta elämään sisältyy enemmän. Sillä on korkeampi tarkoitus. Meidän tulee tietää ja oivaltaa keitä olemme.

Kysyjä: Amma, mitä saavutan tiedolla siitä kuka olen?

Amma: Kaiken. Siitä seuraa syvällinen täyttymyksen, eheyden tunne ja ehdoton varmuus siitä, että elämän koko anti on juuri siinä. Tuon kokeminen tekee elämästä täydellisen.

Kaikesta siitä huolimatta, mitä olemme haalineet tai yritämme saada lisää, useimmat ihmiset kokevat elämänsä edelleen vajaaksi, kuin "C" kirjain. Tämä aukko tai vajavuuden tunne on aina olemassa. Vain henkinen ymmärrys ja *Itsen* (Atman) oivaltaminen ja toteuttaminen voi täyttää tuon aukon ja yhdistää sakarat, jolloin ne täydentyvät "O" kirjaimen kaltaiseksi. Ainoastaan tietämys "siitä" voi antaa meille varmuuden, että olemme elämän todellisessa keskuksessa.

Kysyjä: Mitä tapahtuu maallisille tehtäville, joista ihmisen kuuluu huolehtia?

Amma: Sillä, kuka olet tai mitä teet, ei ole merkitystä. Maallisten velvollisuuksiemme hoitamisen pitäisi auttaa meitä saavuttamaan kaikkein korkein *dharma*, ykseys kosmiseen Itseen. Koska elämä on ykseys, kaikki elolliset olennot ovat yhtä ja elämällä on vain yksi tarkoitus. Kehoon ja mieleen samastumisesta johtuu, että saatat ajatella: "Minun dharmani ei ole Itsen löytäminen tai Itsen toteuttaminen; minun dharmani on toimia muusikkona, näyttelijänä tai liikemiehenä." Totta kai niin voi kokea, mutta täyttymyksen tunnetta emme milloinkaan tavoita, jollemme suuntaa energiaamme elämän korkeinta päämäärää kohti.

Kysyjä: Amma, sanot, että jokaiselle ihmiselle elämän tarkoitus on Itsen oivaltaminen ja toteuttaminen. Mutta ei vaikuta olevan niin, koska useimmat eivät sitä saavuta eivätkä edes pyri siihen.

Amma: Tämä johtuu siitä, että useimmilla ihmisillä ei ole ymmärtämystä henkisyydestä. Tätä kutsutaan *mayaksi*, maailman harhan voimaksi, joka verhotessaan totuuden etäännyttää ihmiskunnan siitä. Elämän todellinen tarkoitus, olemmepa siitä tietoisia tai emme, on sisäisen jumaluutemme toteuttaminen. On monia asioita, joita et voi ymmärtää tämän hetkisellä tietämykselläsi. On lapsellista sanoa: "Niitä ei ole olemassa, koska minä en niistä mitään tiedä." Tilanteiden ja kokemusten avautuessa sinulle paljastuu elämästä uusia ja tuntemattomia seikkoja, jotka vievät sinua yhä lähemmäs ja lähemmäs omaa todellista Itseäsi. Tämä on vain ajan kysymys. Joillekin tuo oivaltaminen on jo saattanut tapahtua. Joillekin toisille, se tapahtuu minä hetkenä tahansa; ja on niitä, jotka oivaltavat sen vasta jossakin myöhemmässä vaiheessa.

Siksi ettei se ole vielä tapahtunut, eikä ehkä tapahdu tämän elämän aikanakaan, älä ajattele, ettei se tapahdu koskaan.

Valtava määrä tietoa odottaa sisimmässäsi suostumustasi avautumiseen. Mutta se ei tapahdu, jos et anna sen tapahtua.

Kysyjä: Kuka antaa luvan? Mielikö?

Amma: Koko olemuksesi, mielesi, kehosi ja älysi.

Kysyjä: Onko kyse ymmärtämisestä?

Amma: Kyse on ymmärtämisestä ja toiminnasta.

Kysyjä: Miten voimme kehittää tuollaista ymmärtämistä?

Amma: Kehittämällä nöyryyttä.

Kysyjä: Mikä tekee nöyryydestä niin suurenmoisen?

15

Amma: Nöyryys tekee sinusta vastaanottavaisen kaikille kokemuksillesi ja saa sinut olemaan tuomitsematta. Siten opit niistä enemmän. Kyseessä ei ole pelkkä älyllinen ymmärtäminen. Kaikkialla on paljon ihmisiä, jotka kantavat päässään enemmän kuin riittävästi henkistä tietoa. Mutta moniko heistä on aidosti henkinen ja pyrkii vilpittömästi saavuttamaan korkeimman päämäärän tai edes pyrkii ymmärtämään henkisyyttä syvällisemmin? Hyvin harvat eikö totta?

Kysyjä: Amma, mikä tämän ongelman aiheuttaa? Johtuuko se uskon puutteesta vai vaikeudesta tulla ulos pääkopasta?

Amma: Jos uskosi on todellinen, valahdat sydämeen automaattisesti

Kysyjä: Onko kyse uskon puutteesta?

Amma: Mitä luulet?

Kysyjä: Kyllä. Uskon, että kyseessä on uskon puute, mutta miksi kutsut sitä sydämeen "valahtamiseksi"?

Amma: Pää on kehon ylin osa. Päästäksesi sieltä sydämeen on laskeuduttava alas. Henkisessä mielessä on kuitenkin kyse ylös nousemisesta ja korkeuksiin kohoamisesta.

Potilas ja kärsivällisyys

Kysyjä: Miten *Satgurul*ta (todellinen mestari) saa todellista apua?

Amma: Avun saamiseksi sinun on ensin hyväksyttävä, että olet potilas, ja sitten ole kärsivällinen.

Kysyjä: Amma, oletko lääkäri?

Amma: Hyvä lääkäri ei julista: "Minä olen paras lääkäri, tule minun luokseni, niin parannan sinut." Mutta vaikka potilas saisi parhaan lääkärin, hoidolla ei ole suurtakaan vaikutusta, jos potilas ei luota lääkäriin. Jumala tekee kaikki kirurgiset toimenpiteet elämän leikkauspöydällä aikaan ja paikkaan katsomatta. Kuten tiedämme, kirurgi käyttää leikkauksen aikana kasvosuojusta. Kukaan ei tuolloin tunnista häntä. Suojuksen takana on kuitenkin lääkäri. Samoin ovat kaikkien elämän kokemusten taustalla Jumalan tai *Gurun* (mestari) myötätuntoiset kasvot.

Kysyjä: Amma, tunnetko lainkaan myötätuntoa, kun on kyse oppilaittesi egon poistamisesta?

Amma: Kun lääkäri poistaa leikkaamalla syöpäkasvaimen potilaan kehosta, tulkitsetko sen niin, ettei hänellä ole myötätuntoa? Siinä tapauksessa myös Amma on, niin sanoaksemme, vailla myötätuntoa. Hän koskee lastensa egoon vain heidän suostumuksellaan.

Kysyjä: Miten toimit auttaaksesi heitä?

17

Amma: Amma auttaa lapsiaan huomaamaan egonsa syöpäkasvaimen – omat sisäiset heikkoutensa ja oman kielteisyytensä ja sillä tavoin tekee heille niistä vapautumisen helpommaksi. Se on todellista myötätuntoa.

Kysyjä: Katsotko, että he ovat potilaitasi?

Amma: On paljon tärkeämpää, että *he* oivaltavat olevansa potilaita.

Kysyjä: Amma, mitä tarkoitat "oppilaiden yhteistyöllä?"

Amma: Uskoa ja rakkautta.

Kysyjä: Amma, tämä on tyhmä kysymys. En voi kuitenkaan jättää sitä tekemättä. Ole hyvä ja anna anteeksi, jos olen aivan typerä.

Amma: Kysy pois.

Kysyjä: Miten suuri prosentti operaatioistasi onnistuu?

Amma nauroi ääneeni ja taputti hellästi kysyjän päälakea.

Amma: (edelleen nauraen) Poikani, onnistuneet operaatiot ovat hyvin harvinaisia.

Kysyjä: Miksi?

Amma: Useimmissa tapauksissa ego ei hyväksy yhteistyötä lääkärin kanssa. Se ei salli, että lääkäri tekee työnsä hyvin.

Kysyjä: (ovelasti) Etkö sinä olekin tuo lääkäri?

Amma: (englanniksi) Amma ei tiedä.

Kysyjä: Ymmärrän. Amma, mitä operaation onnistuminen edellyttää.?

Amma: Potilaan ollessa vihdoin leikkauspöydällä, hänen on oltava hievahtamatta, luottaa lääkäriin ja antautua. Nykyään lääkärit nukuttavat potilaansa pieniäkin leikkauksia varten. Kukaan ei halua kokea kipua. Ihmiset ovat mieluummin tajuttomia, kuin valveilla, välttääkseen kokemasta kipua. Nukutus saa aikaan sen, ettei ihminen tiedä mitä tapahtuu, on sitten kyseessä paikallinen tai laajempi toimenpide. Kun todellinen mestari käsittelee sinua – egoasi – tekee hän sen mieluummin, kun olet tajuissasi. Jumalallinen mestari leikkaa oppilaan egosyövän pois. Koko toimenpide on paljon helpompi, jos oppilas on avoin ja tiedostava.

19

Dharman todellisesta merkityksestä

Kysyjä: Ihmiset ymmärtävät dharman monella tavalla. On hämmentävää kuulla niin monenlaisia tulkintoja yhdestä ainoasta sanasta. Amma, mitä dharma todella tarkoittaa?

Amma: *Dharma*n todellinen merkitys paljastuu vasta kun koemme, että Jumala on alkulähteemme ja ylläpitäjämme. Sitä ei löydy sanoista tai kirjoista.

Kysyjä: Eikö tuo ole dharman absoluuttinen merkitys? Mutta miten voimme löytää arkipäivään soveltuvan merkityksen?

Amma: Se paljastuu jokaiselle monien kokemusten kautta. Joillekin ihmisille se paljastuu nopeasti. He löytävät heti oikean suunnan ja oikean tavan toimia. Toisille se on hidas prosessi. Heidän on ehkä kuljettava monien yritysten ja erehdysten läpi, ennen kuin päätyvät elämässään sellaiseen pisteeseen, jolloin voivat ryhtyä toteuttamaan heille tässä maailmassa kuuluvaa dharmaa. Se ei tarkoita, että siihen mennessä tehdyt teot olisivat turhia, vaan noista kokemuksistaan he ovat voineet oppia monia läksyjä, edellyttäen, että ovat olleet avoimia.

Kysyjä: Voivatko normaalin perhe-elämän haasteet ja vaikeudet olla esteenä henkiselle heräämiselle?

Amma: Ei, jos pidämme Itsen oivaltamista elämämme todellisena päämääränä. Jos tämä on päämäärämme, emmekö silloin muokkaa ajatteluamme ja toimintaamme siten, että ne auttavat saavuttamaan sen? Silloin olemme aina tietoisia todellisesta päämäärästämme. Matkustaessamme saatamme poiketa ruokailemaan tai juomaan kupillisen teetä, mutta palaamme aina takaisin ajoneuvoon. Jopa hetken kestävien taukojen aikana pysymme valppaina ja tietoisina alkuperäisestä määränpäästä. Elämämme aikana pysähdymme monta kertaa tekemään erilaisia asioita. Silloinkin meidän täytyy muistaa palata meitä henkisellä tiellä eteenpäin kuljettavaan välineeseen ja istua turvavyöt tiukasti kiinnitettyinä.

Kysyjä: Turvavyöt tiukasti kiinni?

Amma: Kyllä. Lentokoneella matkustettaessa ilmakuopat aiheuttavat joskus häiriöitä ja lentokone saattaa heittelehtiä. Myös maantiematkoilla tapahtuu onnettomuuksia. Siksi on aina tukeuduttava taattuihin turvatoimenpiteisiin. Myös henkisellä matkalla on tilanteita, jotka saattavat aiheuttaa tunne-elämän heilahteluja. Niitä ei voi käskemällä pitää loitolla. Varjellaksemme itseämme sellaisilta, meidän tulee kuunnella *Satguru*n (todellinen mestari) ohjeita, sekä

21

noudattaa itsekuria ja asianmukaisia elämän ohjeita. Siinä ovat henkisen matkan turvavyöt.

Kysyjä: Teemmepä sitten mitä työtä tahansa, se ei saisi kääntää mieltämme pois perimmäisestä dharmastamme, Jumalan oivaltamisesta. Tätäkö tarkoitat, Amma?

Amma: Kyllä. Jos haluat omistautua henkiselle syventymiselle ja meditoinnille, kaipuun siihen on roihuttava sisimmässäsi polttavan lieskan lailla.

Sanan *dharma* merkitys on "se joka ylläpitää." Elämän ja olemassaolon ylläpitäjä on *Atman* (Itse). Niinpä dharma, vaikka sitä yleisesti käytetään merkityksessä "velvollisuus" tai polku, jota ihmisen tulisi pyrkiä noudattamaan elämänsä aikana, viittaa loppujen lopuksi kuitenkin Itsen oivaltamiseen.

Tässä mielessä voidaan pitää dharmisina vain ajatuksia ja tekoja, jotka tukevat henkistä kehitystä. Dharma tarkoittaa toimintaa, johon ryhdytään oikealla hetkellä, oikein asennoituen ja sitä oikealla tavalla toteuttaen. Tässä mielessä oikea asennoituminen voi auttaa henkistä puhdistumista. Olet mitä tahansa, liikemies tai autokuljettaja, teurastaja tai poliitikko ja pidät tuota työtä dharmanasi, keinona saavuttaa *moksha* (vapautus), silloin toimintasi on siunattua. Tällä tavalla toimimalla Vrindavan *gopi*t (karjapaimenten vaimot) jotka ansaitsivat elantonsa myymällä maitoa ja voita, pääsivät niin lähelle Jumalaa, että lopulta saavuttivat päämäärän.

Todellista rakkautta
& rakkautta

Kysyjä: Mitä eroa on todellisella rakkaudella ja tavallisella rakkaudella?

Amma: Todellisen rakkauden ja tavallisen rakkauden välinen ero on sama kuin ihmisen ja Jumalan välinen ero. Todellinen rakkaus on Jumalan luontoa ja tavallinen rakkaus on ihmisluontoa.

Kysyjä: Mutta eikö todellinen rakkaus ole myös ihmisen varsinainen luonto?

Amma: Kyllä, jos tuo totuus oivalletaan.

Tietoisuus & tiedostaminen

Kysyjä: Amma, mitä on Jumala?

Amma: Jumala on puhdas tietoisuus. Jumala on puhdas tajunta.

Kysyjä Ovatko tietoisuus ja tajunta sama asia?

Amma: Kyllä. Mitä tietoisempi olet, sitä enemmän tajuat ja päinvastoin.

Kysyjä: Amma, mitä eroa on aineella ja tietoisuudella?

Amma: Toinen on ulkoista ja toinen sisäistä. Ulkoinen on ainetta ja sisäinen on tietoisuutta. Ulkoinen muuttuu ja sisin, *Atman* (Itse) on muuttumaton. Atmanista on peräisin koko elämä ja sen loistokkuus. Atman on omavaloinen, aine sen sijaan ei. Ilman tietoisuutta ainetta ei voi tunnistaa. Mutta nähtyäsi kaiken erilaisuuden tuolle puolen, näet puhtaan tietoisuuden kaikessa.

Kysyjä: "Kaiken erilaisuuden tuolla puolen", "kaikessa oleva puhdas tietoisuus", Amma, käytät aina kauniita esimerkkejä. Antaisitko yhden esimerkin, joka tekisi tuosta asiasta kouriintuntuvamman?

Amma: (hymyillen) Tuhannetkaan kauniit esimerkit eivät estä mieltä toistamasta samoja kysymyksiä. Vain todellinen kokemus voi poistaa kaikki epäilyt. Jos äly on hiukankin tyytyväisempi saatuaan esimerkin, Ammalla ei ole mitään sitä vastaan.

Asiaa voi verrata metsässä kulkemiseen. Ollessasi metsässä näet monia erilaisia puita, kasveja ja pensaita. Poistuessasi sieltä kuljet kauemmaksi ja huomaat taakse katsoessasi, että puiden ja kasvien yksittäiset ominaisuudet vähitellen kaikkoavat ja lopuksi näet kaiken metsänä. Vapauduttuasi mielestäsi häviävät myös, niin sen synnyttämät turhanpäiväisten halujen muodossa ilmenevät rajoitukset, kuin myös "minä" ja "sinä" tuntojen aikaansaamat erot ja ristiriidat. Silloin alat kokea kaiken yhtenä ainoana Itsenä.

25

Tietoisuus on aina läsnä

Kysyjä: Jos tietoisuus on aina läsnä, onko siitä vakuuttavia todisteita?

Amma: Se, että olet olemassa, on kaikkein vakuuttavin todiste tietoisuudesta. Voitko kieltää olevasi olemassa? Et voi. Eikö jo kieltosi todistaisi olemassa oloasi? Olettakaamme, että joku kysyy: "Hei, oletko sinä siinä?" Vastaat: "En ole." Kieltävä vastauksesi selvästi todistaa, että aivan varmasti olet olemassa. Sinun ei tarvitse todistaa sitä. Jo kieltosi todistaa sen. *Atman*in (Itse) olemassaoloa on mahdotonta kyseenalaistaa.

Kysyjä: Miksi se on niin vaikea kokea?

Amma: "Se mikä on", voidaan kokea vain, kun olemme siitä tietoisia. Muuten se pysyy meille tuntemattomana, vaikka se on olemassa. Olemassa oleva totuus ei vain ole ollut tiedossamme. Painovoimalaki on ollut olemassa ennen sen keksimistä. Kivi on aina pudonnut, kun se on heitetty ylös. Aivan samoin tietoisuus on meissä aina läsnä – tässä ja nyt - mutta emme ehkä tiedosta sitä. Tosiasiassa vain läsnä oleva hetki on todellinen. Kokeaksemme sen tarvitsemme uuden asenteen, uudet silmät, jopa uuden kehon.

Kysyjä: "Uusi keho", mitä se tarkoittaa?

Amma: Se ei tarkoita kehosi katoamista. Se näyttää samanlaiselta, mutta sen on käytävä läpi hienon hieno ja perinpohjainen muutos eli transformaatio. Sillä vain silloin se on kyllin avara alati laajentuvalle tietoisuudelle.

Kysyjä: Mitä tarkoitat tietoisuuden laajentumisella? Upanishadeissa sanotaan, että absoluutti on *purnam* (alati kokonainen). *"Puurnamadaa puurnamidam"* (Tämä on kokonainen, tuo on kokonainen), en käsitä miten tietoisuus laajenee, vaikka se on täydellinen?

Amma: Tuo on aivan totta, mutta yksilöllisellä tai fyysisellä tasolla henkinen etsijä kuitenkin kokee tietoisuuden avartumista. Täydellinen *shakti* (jumalallinen energia) on tietenkin muuttumaton. Vaikka *veediseltä* (hindulainen ei-kaksinaisuutta käsittelevä henkinen filosofia) näkökannalta katsottuna, mitään henkistä matkaa ei olekaan, yksilölle niin sanottu matka on kuitenkin tosiasia. Se on matka täydelliseen tilaan. Määränpään saavuttaessasi oivallat koko prosessin, myös matkan, olleen näennäisen, koska olit aina ollut tuossa tilassa, etkä ole ollut koskaan poissa siitä. Ennen lopullista oivallusta tapahtuu *sadhaka*n (henkinen oppilas) edistymisen myötä tiedostamisen ja sisäisen tajunnan laajenemista.

Mitä tapahtuu, kun otat vettä kaivosta? Kaivon alla olevasta lähteestä kumpuaa vettä kaivoon saman verran. Mitä enemmän otat vettä, sitä enemmän lähteestä tulee sitä tilalle. Voitaisiinkin todeta, että veden määrä kaivossa "kasvaa", sillä lähde on ehtymätön. Kaivo on täynnä ja pysyy täytenä siksi, että sillä on jatkuva yhteys lähteeseen. Kaivosta on tulossa "täydellinen". Se laajenee laajenemistaan.

27

Kysyjä: (Mietteliään hiljaisuuden jälkeen) Kuvaus on hyvin elävä, mutta tuntuu edelleen monimutkaiselta.

Amma: Totta. Mieli ei käsitä sitä. Amma tietää sen. Helpoin on kaikkein vaikeinta. Yksinkertaisin on kaikkein monimutkaisinta. Lähin vaikuttaa kaukaisimmalta. Se on arvoitus, kunnes oivallat Itsen. Siksi *rishit* (entisaikojen näkijät) kuvasivat *Atman*ia (Itse) määrein "kauempana kuin kaukaisin" ja "lähempänä kuin lähin."
Lapset, ihmiskeho on hyvin rajallinen väline. Siihen ei voi sisällyttää ääretöntä tietoisuutta. Heti saatuamme yhteyden shaktiin, ikuiseen lähteeseen, tietoisuutemme alkaa laajentua sisimmässämme aivan kuin vertauskuvamme kaivo. Kun *samadhi* (luonnollinen hyvinvoinnin tila) on peruuttamattomasti saavutettu, alkaa kehon ja mielen, Jumalan ja maailman, välinen yhteys toimia täydellisessä sopusoinnussa. Joten ei ole kasvua eikä mitään muutakaan. Olet yhtyneenä tietoisuuden äärettömään valtamereen; olet yhtä sen kanssa.

Ei mitään väittämiä

Kysyjä: Amma, väitätkö jotain?

Amma: Mitä väittäisin?

Kysyjä: Että olisit Jumalallisen Äidin *inkarnaatio* (henkilöitymä), Itsen oivaltanut mestari ja niin edelleen.

Amma: Julistavatko maan presidentti tai pääministeri matkustaessaan: "Tiedättekö kuka olen? Minä olen presidentti, pääministeri, missä sitten liikkuvatkin." Eivät. He ovat mitä ovat. Ja se, että väittää jopa olevansa *Avataara* (Jumala laskeutunut ihmisen muotoon) tai Itsen oivaltanut, on todiste egosta. Itse asiassa, jos joku väittää olevansa inkarnaatio, täydellinen sielu, jo se sinänsä todistaa, ettei hän ole sitä.

Täydelliset mestarit evät väitä mitään sellaista. He ovat täydellisen nöyryyden esikuvia. Muista, Itsen oivaltaminen ei tee sinusta erikoista. Se tekee sinusta nöyrän.

Väittääkseen olevansa jotakin ei tarvitse olla Itsen oivaltanut tai omata mitään erikoista kykyä. Ainoa asia, mitä siihen tarvitaan, on suuri ego, väärä ylpeys. Täydellisellä mestarilla sitä ei ole.

Gurun merkitys henkisellä tiellä

Kysyjä: Miksi Gurulle (mestari) annetaan niin suuri merkitys henkisellä tiellä?

    Amma: No, kerro Ammalle, onko olemassa polkua tai tehtävää, jonka voit oppia ilman opettajan tai opastajan tukea? Jos haluat opetella ajamaan autoa, tarvitset harjaantuneen ajajan opastusta. Lapsi tarvitsee opastusta kengännauhojen sitomisessa. Miten voit oppia matematiikkaa ilman opettajaa? Jopa taskuvaras tarvitsee opettajan opettamaan varastamisen taidot. Jos opettajat ovat välttämättömiä tavallisessa elämässä, niin eikö opettaja ole vieläkin tärkeämpi henkisellä matkalla, joka on niin äärettömän hienovarainen.

Jos haluat matkustaa jonnekin kaukaiseen kohteeseen, niin haluat ehkä hankkia kartan. Mikäli olet menossa sinulle täysin outoon maahan, tuntemattomalle seudulle ja tutkitpa karttaa miten huolellisesti tahansa, et tiedä mitään tuosta paikasta, ennen kuin olet siellä. Eikä kartta kerro myöskään matkasta juuri mitään, ei tien nousuista ja laskuista eikä mahdollisista vaaratilanteista. Sen vuoksi on hyvä saada opastusta joltakin matkan tehneeltä, sellaiselta, joka tuntee tien oman kokemuksensa perusteella. Mitä tiedät henkisestä tiestä? Se on täysin vieras maailma ja taival sinne on tuntematon. Olet mahdollisesti kerännyt tietoja kirjoista tai ihmisiltä. Ollessasi todella lähdössä tuolle taipaleelle, edetäksesi edes osan matkaa, *Satgurun* (aito mestari) opastus on ehdottoman välttämätön.

Amman parantava kosketus

Euroopan kiertueen koordinaattori toi eräänä päivänä sydäntä särkevästi itkevän nuoren naisen Amman luo sanoen: "Hän haluaa kertoa Ammalle hyvin surullisen tarinan." Kyynelten virratessa valtoimenaan, nainen kertoi Ammalle, että hänen isänsä oli lähtenyt kotoa hänen ollessaan vasta viisivuotias. Pienenä hän oli kysellyt äidiltä isästään, mutta äidillä ei ollut koskaan mitään hyvää kerrottavaa tästä, koska heidän parisuhteensa oli ollut hyvin huono. Vuosien vieriessä naisen kiinnostus isää kohtaan kuihtui vähitellen kokonaan.

Kaksi vuotta sitten, tasan 20 vuotta isän katoamisen jälkeen, naisen äiti kuoli. Käydessään läpi tämän tavaroita, hän oli hämmästynyt löytäessään isänsä osoitteen eräästä äidin vanhasta päiväkirjasta. Pian hänen onnistui myös saada tämän puhelinnumero. Kykenemättä pidättelemään innostustaan, hän soitti välittömästi isälleen. Isän ja tyttären ilolla ei ollut rajoja. Keskusteltuaan pitkään he päättivät tavata. Sovittiin tapaamispäivästä. Isä ajaisi silloin autollaan kylään, jossa tytär asui. Mutta kohtalo oli sanomattoman julma ja armoton. Matkalla tyttären luo tapahtui onnettomuus, jossa isä menetti henkensä.

Naisen sydän murtui. Sairaalan viranomaiset hälyttivät hänet tunnistamaan isänsä ja luovuttivat ruumiin hänen haltuunsa. Voit kuvitella, miten järkyttynyt nainen oli. Hän oli odottanut valtavan toiveikkaana isänsä tapaamista. Hehän eivät olleet nähneet toisiaan 20 vuoteen. Mutta loppujen lopuksi hän sai nähdä vain isänsä ruumiin! Vielä pahemmaksi tilanteen kärjisti lääkäreiltä saatu tieto, että onnettomuus johtui ajon aikana tapahtuneesta sydänkohtauksesta.

Sen aiheutti oletettavasti jännitys siitä, että nyt vihdoin toteutuisi hänen haaveensa tavata tytär monien vuosien jälkeen.

Tuona aamuna, Amman ottaessa vastaan kyseisen naisen, sain olla todistamassa erästä kaikkein kauneimmista ja koskettavimmista koskaan näkemistäni darshaneista. Naisen itkiessä sydäntä särkevästi, Amma pyyhki omilta kasvoiltaan virtanaan valuvia kyyneleitä. Halatessaan hellästi naista ja pidellessään hänen päätään sylissään, Amma pyyhki hänen kyyneleitään hyväillen ja suukotellen häntä ja sanoi hellästi: "Tyttäreni, lapseni, älä itke!" Amma sai hänet rauhoittumaan ja tyyntymään. Heidän välillään oli tuskin lainkaan sanallista vuorovaikutusta. Seuratessani tätä tapahtumaa mahdollisimman avoimena, opin erään tärkeän läksyn murtuneen sydämen parantamisesta, siitä kuinka se tapahtuu Amman läheisyydessä. Naisessa oli tapahtunut suuri muutos. Hän näytti nyt helpottuneelta ja rentoutuneelta. Juuri lähtöä tehdessään, hän kääntyi minuun päin ja sanoi: "Saatuani kohdata Amman, tunnen olevani keveä kuin kukkanen."

Tuollaisissa, voimakkaita tunteita sisältävissä tilanteissa, Amma käyttää vain vähän sanoja, erityisesti ottaessaan osaa ihmisten suruun ja tuskaan. Toisten tuskan voi kohdata vain hiljaisuudessa, johon yhdistyy syvä tunne. Tuollaisissa tilanteissa, Amma osallistuu lastensa tuskaan ilmaisemalla katseellaan syvää rakkautta, välittämistä, osanottoa ja huolenpitoa.

Kuten Amma sanoo: "Ego ei kykene parantamaan ketään. Korukielellä ilmaistu korkealentoinen ajatus vain hämmentää. Sen sijaan, egottoman ihmisen katse tai kosketus voi helposti hälventää tuskan ja epätoivon pilvet. Tämä johtaa todelliseen paranemiseen."

33

Kuoleman tuskaa

Kysymys: Amma, miksi kuolemaan liittyy niin paljon pelkoa ja tuskaa?

Amma: Kehoon ja maailmaan tarrautuminen synnyttää kuoleman pelkoa ja tuskaa. Melkein kaikki uskovat kuoleman merkitsevän täydellistä katoamista. Kukaan ei halua lähteä maailmasta ja kadota olemattomiin. Tällainen takertuminen saa kehosta ja maailmasta luopumisen tuntumaan tuskalliselta.

Kysyjä: Olisiko kuolema tuskatonta, ellemme olisi takertuneita?

Amma: Ellemme takerru kehoon, silloin kuolema ei ole vain tuskaton, vaan siitä tulee autuaallinen kokemus. Pystyt tarkkailemaan kehon kuolemaa. Takertumattomuutesi tekee kuolemasta täysin toisenlaisen kokemuksen.

Suurin osa ihmisistä kuolee kauhistuttavan pettyneinä ja turhautuneina. Syvän surun riuduttamina, he elävät viimeiset hetkensä tuskan, hädän ja toivottomuuden kourissa.

Miksi näin? Koska he eivät ole oppineet päästämään irti ja vapautumaan joutavista unelmistaan, haluistaan ja kiintymyksistään. Vanhuus ja erityisesti tuollaisten ihmisten viimeiset hetket ovat helvettiäkin pahemmat. Sen vuoksi viisaus on erittäin tärkeää.

Kysyjä: Kasvaako viisaus iän myötä?

Amma: Tämä on yleinen käsitys. Viisauden oletetaan kasvavan ihmisen joutuessa kokemaan ja näkemän elämänsä aikana kaikenlaista.

Tuon tason viisautta ei ole kuitenkaan helppo saavuttaa, erityisesti siksi, että nykypäivän ihmisistä on tullut kovin itsekeskeisiä.

Kysyjä: Millaista perusominaisuutta sellaisen viisauden saavuttaminen edellyttää?

Amma: Syvällisesti tutkiskelevaa ja meditatiivista elämäntapaa. Se antaa meille voimaa ja kykyä paneutua syvällisemmin elämän erilaisiin tapahtumiin ja kokemuksiin.

Kysyjä: Amma, koska ihmiset eivät ole luonnostaan syvästi ajattelevia eivätkä meditatiivisia, soveltuuko tämä heille?

Amma: Riippuu siitä, miten tärkeänä sitä pidetään. Muista, että on ollut aika, jolloin syvällinen ajattelu ja meditointi olivat erottamaton osa elämää. Siksi tuolloin saavutettiin niin paljon, vaikka tiede ja teknologia eivät olleetkaan kehittyneet niin pitkälle kuin nykypäivänä. Nykyajan elämämme pohjautuu yhä paljolti tuon ajan keksinnöille.

Nykyisin ei useinkaan hyväksytä sitä, mikä on kaikkein tärkeintä, vaan se jopa tuomitaan "epäkäytännölliseksi". Tämä on eräs *Kaliyuga*n (materialismin aikakausi) ominaisuus. Nukkuva on helppo herättää, mutta vaikeaa on herättää henkilö, joka teeskentelee nukkuvansa. Mitä hyödyttää pitää peiliä sokean edessä. Tänä aikana ihmiset mieluummin ummistavat silmänsä totuudelta.

Kysyjä: Amma, mikä on todellista viisautta?

Amma: Todellinen viisaus tekee elämämme yksinkertaisella tavalla kauniiksi. Asianmukainen arvostelukyky synnyttää oikean ymmärryksen. Ihmisen sisäistettyä tämän ominaisuuden se ilmenee hänen ajatuksissaan ja toiminnassaan.

Nykypäivän ihmiskunta

Kysyjä: Mikä on nykypäivän ihmiskunnan henkinen kehitystaso?

Amma: Yleisesti voi todeta, että huomattavaa henkistä heräämistä tapahtuu kautta koko maailman. Ihmiset ovat yhä enemmän tietoisia henkisen elämäntavan välttämättömyydestä. Siihen viittaa esim. New Age -aatteiden, joogan ja meditaation ennen kokematon suosio länsimaissa, vaikkei sillä aivan suoraa yhteyttä henkisyyteen olekaan

Joogasta ja meditoinnista on tullut monessa maassa muoti-ilmiö, erityisesti ylemmissä piireissä. Jopa ateistit haluavat elää sopusoinnussa luonnon ja henkisyyden perusperiaatteiden kanssa. Kaikkialla on havaittavissa henkistä kaipuuta ja tunnetta muutoksen välttämättömyydestä. Tämä on ilman muuta myönteinen ilmiö.

Mutta toisaalta myös materialismi ja aineellisten nautintojen vetovoima kasvaa hillittömällä vauhdilla. Jos asiat etenevät siihen suuntaan, on seurauksena tuhoisa epätasapaino. Kun kyseessä on aineellinen mielihyvä, arvostelukyky pettää ja käyttäytymisestä tulee silloin järjetöntä ja tuhoisaa.

Kysyjä: Onko tässä ajassa jotain uutta tai erikoista?

Amma: Voi sanoa, että jokainen hetki on jollain tavoin erikoinen. Tämä aika on kuitenkin erikoinen siinä suhteessa, että olemme melkein saavuttaneet toisen inhimillisen elämän huippukohdista.

Kysyjä: Niinkö! Minkä huipun?

Amma: Egon huipentuman, pimeyden ja itsekkyyden huipentuman.

Kysyjä: Amma, olitko hyvä ja kuvailisit asiaa hieman enemmän?

Amma: Rishien (entisaikojen näkijä) mukaan on olemassa neljä aikakautta: Satyayuga, Tretayuga, Dwaparayuga ja Kaliyuga. Tällä hetkellä olemme Kaliyugan, materialismin pimeydessä. Ensin oli Satyayuga, jolloin vallitsi totuus ja rehellisyys. Ihmiskunnan taivallettua läpi kahden seuraavaan vaiheen Treta- ja Dwaparayugan, on saavuttu viimeiseen eli Kaliyugaan, jonka oletetaan huipentuvan uuteen Satyayugaan.

Treta- ja *Dwaparayuga*n läpi taivaltamisen myötä kadotimme monia kauniita arvoja kuten totuuden, myötätunnon, rakkauden jne. Totuuden ja rehellisyyden aikakausi, Satyayuga, oli huippu. Treta- ja Dwaparayugat olivat keskellä, jolloin meillä oli vielä hieman *dharma*a (oikeamielisyys ja velvollisuus) ja *satya*a (totuus) jäljellä. Nyt olemme saavuttaneet toisen huipun, *adharma*n (epäoikeudenmukaisuus) ja *asatya*n (epärehellisyys) huipun.

Vain nöyryyden läksyn oppiminen, voi auttaa ihmiskuntaa näkemään sen pimeyden, joka sitä tällä hetkellä ympäröi. Tämä valmistaa meitä valon ja totuuden huipulle nousemiseen. Toivokaamme ja rukoilkaamme, että kaikkien uskontojen ja kulttuurien ihmiset kaikkialla maailmassa oppivat nöyryyttä, jota tässä ajassa tarvitsemme.

Oikotie Itsen oivaltamiseksi

Kysyjä: Nykyajan ihmiset etsivät oikotietä, pyrkivät he sitten mihin tahansa. Onko oikotietä myös Itsen oivaltamiseen?

Amma: Tuo merkitsee samaa kuin on kysymys: "Onko oikotietä minuun itseeni?" Itsen oivaltaminen on tie omaan Itseesi. Se on yhtä yksinkertaista, kuin sähkökatkaisijan napsauttaminen.

Mutta sinun on tiedettävä, mitä katkaisijaa käytät ja miten, sillä tämä katkaisija on sinun sisimmässäsi.

Et tavoita sitä mistään ulkopuoleltasi. Sen löytämiseen tarvitset jumalallisen mestarin apua. Ovi on aina avoinna. Sinun on vain astuttava siitä sisään

Henkisestä edistymisestä

Kysyjä: Amma, olen meditoinut useita vuosia, mutta siitä huolimatta minusta tuntuu, etten juuri edisty. Sopivatko tekemäni henkiset harjoitukset minulle?

Amma: Amma haluaa ensin tietää, miksi oletat, ettet edisty. Miten itse määrittelet henkisen edistymisen?

Kysyjä: En ole koskaan nähnyt mitään näkyjä.

Amma: Minkälaisia näkyjä sitten odotat?

Kysyjä: En ole koskaan nähnyt mitään jumalallista sinistä valoa.

Amma: Mistä olet saanut sellaisen ajatuksen, että pitäisi nähdä sinistä valoa?

Kysyjä: Eräs ystäväni kertoi. Olen myös lukenut siitä kirjoista.

Amma: Poikani, älä elättele perusteettomia kuvitelmia *sadhanas*tasi (henkinen harjoitus) ja henkisestä kasvustasi. Kuvitelmasi henkisyydestä ovat vääriä ja ne saattavat muodostua kompastuskiveksi tiellesi. Tekemäsi sadhana on aivan hyvää, mutta asenteesi on väärä. Sinä odotat jumalallisen sinisen valon ilmestymistä. Omituista siinä on, että vaikka sinulla ei ole vähäisintäkään käsitystä siitä, mitä jumalallinen valo on, kuvittelet sen olevan sinistä. Kukapa tietää, vaikka se olisi jo näyttäytynytkin, mutta sinä odotat sinistä valoa. Entäpä jos Korkein päätti ilmestyä punaisena tai vihreänä valona? Silloin et ole huomannut sitä.

39

Kerran eräs poika kertoi Ammalle odottaneensa vihreän valon ilmestyvän meditaatioonsa. Amma sanoi, että hänen tulisi olla varovainen ajaessaan autoa, sillä hän saattaisi ajaa päin punaisia liikennevaloja kuvitellessaan niitä vihreiksi. Tuollaiset oletukset henkisyydestä ovat todella vaarallisia.

Poikani, kaikki henkiset harjoitukset tähtäävät siihen, että ihminen pystyy kokemaan rauhaa kaikissa tilanteissa. Kaikki muu, niin valo, ääni kuin muotokin, tulee ja menee. Myös näkemäsi näyt ovat ohimeneviä.

Ainoastaan rauha on pysyvää. Sellainen rauha ja mielen tyyneys on henkisen elämän todellinen hedelmä.

Kysyjä: Amma, onko väärin haluta kokemuksia?

Amma: Amma ei sanoisi sen olevan väärin. Mutta älä anna niille suurtakaan arvoa, muuten henkinen kasvusi voi pahasti hidastua. Jos näkyjä tulee, anna niiden tulla. Silloin asennoidut oikein.

Etsijällä on henkisen elämän alkuvaiheessa usein monenlaisia odotuksia ja virheellisiä käsityksiä henkisyydestä, koska hän on tavattoman innostunut eikä tiedostaminen ole kovinkaan kehittynyttä. Jotkut esimerkiksi haluaisivat kiihkeästi nähdä näkyjä jumalista ja jumalattarista. Jotkut taas janoavat nähdä erilaisia värejä. Monia puolestaan viehättävät kauniit äänet. Miten monet tuhlaavatkaan koko elämänsä tavoittelemalla *siddhejä* (joogiset voimat). On myös ihmisiä, jotka palavat halusta saada välittömästi *samadhi*n (luonnollinen ylitietoisuuden tila) ja *moksha*n (vapautus). Ihmiset ovat myös kuulleet paljon kertomuksia *kundalini*sta (selkärangan tyvessä oleva energia) ja sen heräämisestä. Todelliset henkiset etsijät eivät joudu koskaan sellaisten pakkomielteiden ansaan. Monenlaiset kuvitelmat saattavat ilman muuta hidastaa henkistä kehitystämme. Siksi on tärkeätä alusta alkaen suhtautua henkiseen elämään käyttäen tervettä järkeä ja kirkasta ymmärrystä. Ellemme käytä arvostelukykyämme ja kuuntelemme ketä tahansa itseään mestariksi väittävää ja luemme kirjoja täysin valikoimatta, niin se vain lisää hämmennystä mielessämme.

Itsen oivaltaneen ja toteuttaneen sielun mieli

Kysyjä: Millainen on Itsen oivaltaneen sielun mieli?

Amma: Se on mieli ilman mieltä.

Kysyjä: Eikö se siis ole mieli?

Amma: Se on äärettömyys.

Kysyjä: Itsen oivaltaneet ovat myös vuorovaikutuksessa maailman kanssa. Miten se on mahdollista ilman mieltä?

Amma: Tietysti he "käyttävät" mieltä ollessaan yhteydessä maailmaan. Tavallisen ihmismielen, joka on täynnä vaihtelevia ajatuksia ja *Mahatman* (Suuri Sielu) mielen välillä on kuitenkin suuri ero. Mahatmat käyttävät mieltä, mutta mieli käyttää meitä. He eivät ole laskelmallisia vaan spontaaneja. Spontaanisuus nousee sydämestä. Täysin mieleensä samastunut ihminen ei kykene olemaan spontaani.

Kysyjä: Suurin osa ihmisistä samastuu mieleensä. Tarkoitatko, että kaikki ovat luonnostaan vehkeilijöitä?

Amma: Ei ollenkaan. On monia tilanteita, jolloin ihmiset samastuvat sydämeensä ja sen myönteisiin tunteisiin. Kun ihmiset ovat ystävällisiä, myötätuntoisia ja huomaavaisia toisiaan kohtaan, he ovat enemmän sydämessään kuin mielessä. Mutta pystyvätkö he aina käyttäytymään siten? Eivät, joten useimmiten ihmiset samastuvat mieleensä. Sitä Amma tarkoitti.

Kysyjä: Jos jokaisella on kyky pysytellä täydellisessä sopusoinnussa sydämessä uinuvien myönteisten tunteiden kanssa, miksi sitä ei tapahdu useammin?

Amma: Koska mieli on voimakkaampi tämänhetkisessä tilassasi. Pysyäksesi sydämen myönteisten tunteiden kanssa sopusoinnussa, sinun tulee voimistaa yhteyttä henkisen sydämen hiljaisuuteen ja heikentää yhteyttä meluisan mielen häiriköintiin.

Kysyjä: Mikä saa ihmisen spontaaniksi ja avoimeksi?

Amma: Egon vaikutuksen väheneminen.

Kysyjä: Mitä tapahtuu, kun egon vaikutus vähenee?

Amma: Sinut valtaa syvä sisäinen kaipuu. Olet valmistellut maaperää sitä varten, mutta sitten se vain tapahtuu suunnittelematta, ponnistelematta. Tuo tapahtuma, tai mitä se sitten onkin, on jotakin niin kaunista ja täydellisesti tyydyttävää, että se mitä sinulle silloin tapahtuu vetää puoleensa myös muita ihmisiä. Sellaiset hetket ovat yhä enemmän sydämesi ilmaisuja. Olet silloin lähempänä omaa todellista olemustasi.

Nuo hetket ovat peräisin - älyn ja mielen tuolta puolen. Yhtäkkiä sulaudumme äärettömyyteen, virittäydymme ja kytkeydymme maailmankaikkeuden energian lähteeseen.

Täydelliset mestarit ovat aina tuossa omaehtoisuuden tilassa ja virittävät samaa tilaa myös muissa.

43

Amman ja meidän
välinen etäisyys

Kysyjä: Amma, miten suuri on meidän välillämme oleva
etäisyys?

Amma: Sitä ei ole, ja se on ääretön.

Kysyjä: Ei ole ja on ääretön?

Amma: Kyllä. Sinun ja Amman välillä ei ole lainkaan etäisyyttä,
mutta samalla etäisyys on ääretön.

Kysyjä: Tuo kuulosta ristiriitaiselta.

Amma: Mielen rajoittuneisuus saa sen kuulostamaan ristiriitaiselta.
Siltä se kuulostaakin, niin kauan kunnes saavutat lopullisesti Itsen
tilan. Mitkään selitykset, kuulostavat ne siten miten järkeviltä ja
johdonmukaiselta tahansa, eivät voi poistaa tuota ristiriitaa.

Kysyjä: Käsitän mieleni rajoitukset. En kuitenkaan käsitä tuollaista
ristiriitaisuutta ja järjenvastaisuutta. Miten tuota etäisyyttä ei kerta
kaikkiaan ole ja samalla se kuitenkin on ääretön?

Amma: Tyttäreni, ensinnäkään sinä et ole käsittänyt mielesi rajoit-
tuneisuutta. Oman mielesi pienuuden tajuaminen merkitsee itse
asiassa Jumalan suuruuden tajuamista. Mieli on valtava taakka. Sen
ymmärrettyäsi oivallat välittömästi, miten mieletöntä on raahata
mukanaan tuota mieleksi kutsuttua suunnatonta painolastia. Et

suostu enää jatkamaan sen kantamista. Tuon asian oivaltaminen auttaa sinua pudottamaan taakkasi.

Tyttäreni, niin kauan kuin olet tietämätön sisäisestä jumalallisuudesta, on välimatka ääretön. Valaistumisen hetkellä tapahtuu oivallus, että mitään välimatkaa ei ole koskaan ollutkaan.

Kysyjä: Älyn on täysin mahdotonta käsittää tuosta kaikesta yhtään mitään.

Amma: Tyttäreni, tuo on hyvä merkki. Myönnät ainakin sen, ettei äly käsitä mitään tuosta tapahtumasarjasta.

Kysyjä: Tarkoittaako se sitä, ettei tuollaista tapahtumasarjaa olekaan?

Amma: Täsmälleen. Joku syntyy esimerkiksi sokeana. Onko sellaisella henkilöllä mitään käsitystä valosta? Ei ole. Tuolle ihmisparalle on tuttua vain pimeys. Hänen maailmansa on täysin erilainen verrattuna näkevän ihmisen maailmaan.

Lääkäri kertoo hänelle: "Näkökykysi voidaan elvyttää kirurgisella toimenpiteellä. Jonkinlainen korjaus on välttämätön."

Jos hän valitsee lääkärin suositteleman toimenpiteen, eikö pimeys katoa välittömästi valon ilmestyttyä? Mistä tuo valo tulee, tuleeko se jostakin ulkopuolelta? Ei, vaan näkijä oli hänessä koko ajan odottamassa. Samoin kun korjaat sisäistä näkökykyäsi henkisten harjoitusten avulla, alkaa odottamassa oleva puhtaan tiedon valo sarastaa sisimmässäsi.

45

Amman menetelmät

Amman menetelmät ovat vertaansa vailla. Opittavat läksyt tulevat yllättäen ja ne ovat aina harvinaisen monivivahteisia. Aamu*darshan*in aikana (mestarin vastaanotto), retriittiin tulijoita valvova henkilö oli päästänyt sisään, retriittiin kuulumattoman naisen. Tulokkaan huomattuani ilmoitin tästä Ammalle. Mutta huomautuksestani piittaamatta Amma vain jatkoi darshanin antamista.

Tuumailin itsekseni: "Hyvä on, Amma on kiireinen. Pidänpä silti silmällä tuota kuokkavierasta." Vaikka pääasiallinen *seva*ni (epäitsekäs palvelu) oli kysymysten kääntäminen Ammalle, valitsin joksikin aikaa sivusevakseni, tuon tähän tilaisuuteen kuulumattoman henkilön liikkeiden tarkkailun. Tämä oli tarrautunut naiseen, joka oli päästänyt hänet sisään. Katseeni seurasi heitä jatkuvasti ja selittelin Ammalle vuolaasti heidän tekemisiään. Huolimatta siitä, että Amma ei minua kuunnellutkaan, katsoin sen velvollisuudekseni.

Molempien liittyessä darshanjonoon ilmoitin siitä innoissani Ammalle, mutta Amma vain jatkoi darshanin jakamista.

Tuolloin pari toimihenkilöä tuli vierelleni. Osoittaessaan "tunkeilijaa" toinen heistä sanoi: "Näetkö tuon naisen? Hän on omituinen. Kuulin hänen puhuvan. Hän on hyvin kielteinen. Luulen, ettei ole järkevää pitää häntä ohjelmapaikalla."

Toinen huomautti vakavana: "Kysy Ammalta miten meidän tulisi menetellä hänen suhteensa, ohjataanko hänet ulos?" Suurella vaivalla onnistuin pyydystämään Amman huomion. Vihdoinkin hän katsoi minuun ja kysyi: "Missä hän on?" Me kaikki kolme olimme ylitsevuotavan onnellisia. Ajattelimme, ainakin minä ajattelin, että saisimme kuulla Amman lausuvan nuo kolme toivomamme sanaa: "Ohjatkaa hänet ulos."

Kun kuulimme Amman kysyvän: "Missä hän on?", osoitimme sitä paikkaa kohden missä tuo "tänne kuulumaton" nainen istui. Amma katsoi häntä. Odotimme kiihkeästi lopullista tuomiota. Amma kääntyi katsomaan meitä ja sanoi: "Kutsukaa hänet tänne." Melkein kompastuimme toisiimme mennessämme kutsumaan häntä.

Kun nainen oli darshantuolin lähellä, Amma kurkottautui häntä kohden lempeä hymy huulillaan ja sanoi: "Tule, tyttäreni." Samalla tuo tuntematon vieras lyyhistyi Amman käsivarsille, meidän tuijottavien katseittemme todistaessa, mitä kauneinta darshania. Lempeästi Amma laittoi naisen pään olkapäätään vasten ja silitti hellästi hänen selkäänsä. Pidellessään naisen kasvoja käsiensä välissä, Amma katsoi häntä syvälle silmiin. Kyyneleet valuivat naisen poskille ja myötätuntoisena Amma pyyhki ne käsillään.

Kaksi "toveriani" ja minä, seisoimme darshantuolin takana täysin pehmentyneinä, kykenemättä hillitsemään kyyneleitämme.

Naisen lähdettyä Amma katsoi minua hymyillen ja sanoi: "Tuhlasit paljon energiaasi tänä aamuna."

Katsoin kunnioituksen valtaamana Amman pienikokoista hahmoa hänen jatkaessaan ilon ja siunausten jakamista lapsilleen. Kykenemättä sanomaan mitään, muistin tuolla hetkellä Amman kauniin vertauksen: "Amma on kuin joki. Hän vain virtaa. Jotkut ihmiset kylpevät siinä. Toiset sammuttavat janonsa sen vedellä. On

47

niitä, jotka tulevat uimaan ja nauttimaan vedestä. Vielä on joitakin, jotka sylkevät siihen. Tapahtuu mitä tahansa, joki hyväksyy kaiken ja virtaa antamatta minkään vaikuttaa. Se syleilee kaikkia, jotka tulevat sen huomaan."

Olin jälleen saanut kokea hämmästyttävän hetken korkeimman Mestarin, Amman, läheisyydessä.

Ei ole uutta totuutta

Kysyjä: Amma, oletko sitä mieltä, että herätäkseen ihmiskunta tarvitsisi uuden totuuden?

Amma: Ihmiskunta ei tarvitse uutta totuutta. Nyt kaivataan heräämistä jo olemassa olevalle totuudelle. On vain yksi totuus ja tuo totuus loistaa meissä kaikissa. Tuo yksi ainoa totuus ei voi olla uusi eikä vanha. Se on aina sama, muuttumaton ja ikuisesti tuore. Uuden totuuden pyytäminen merkitsee samaa kuin esikoulun oppilas tiukkaisi opettajalta: "Opettaja, olet toistanut meille jo liian kauan että 2+2 on 4. Se on alkanut kyllästyttää. Miksi et kerro jotain uutta, esimerkiksi, että summa on 5 eikä aina vaan 4?" Totuutta ei voi muuttaa. Se on sama aina ja samana se tulee pysymään.

Tällä uudella vuosituhannella tullaan näkemään hyvin paljon henkistä heräämistä, sekä lännessä että idässä. Sitä tällä meidän aikakaudellamme todellakin tarvitaan. Ihmiskunnan saavuttaman valtavan, yhä kasvavan tieteellisen tiedon on pakostakin johdettava Jumalan luo.

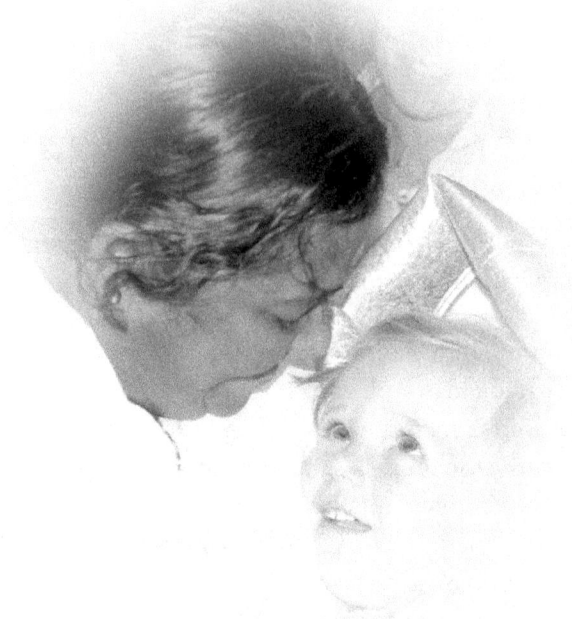

Totuudesta

Kysyjä: Amma, mikä on totuus?

Amma: Totuus on se, mikä on ikuista ja muuttumatonta.

Kysyjä: Onko rehellisyys totuutta?

Amma: Rehellisyys on vain laadullinen ominaisuus, se ei ole totuus, perimmäinen todellisuus.

Kysyjä: Eikö tuo ominaisuus ole osa perimmäistä totuutta?

Amma: Kyllä. Aivan kuten kaikki on osa perimmäistä totuutta, myös rehellisyys on osa siitä.

Kysyjä: Jos kaikki on osa perimmäistä totuutta, siinä tapauksessa eivät vain hyvät ominaisuudet, vaan myös huonot ominaisuudet ovat osa siitä?

Amma: Kyllä, tyttäreni, mutta sinä olet edelleen maankamaralla, etkä ole saavuttanut sellaisia korkeuksia. Olettakaamme, että matkustat ensimmäisen kerran lentokoneella. Ennen kuin olet päässyt koneeseen, sinulla ei ole mitään käsitystä lentämisestä. Katsellessasi ympärillesi näet ihmisten puhuvan ja meluavan. Näet rakennuksia, puita, liikkuvia kulkuneuvoja, kuulet lasten ääniä jne. Hetken päästä menet lentokoneeseen. Lento alkaa nousemalla hitaasti korkeammalle ja yhä korkeammalle. Katsoessasi alas, näet kaiken pienenevän ja kutistuvan ja näet lopulta kaiken yhtenä. Sitten kaikki katoaa ja sinua ympäröi valtava avaruus.

Lapseni, sinä olet yhä maankamaralla, et ole vielä noussut lentokoneeseen. Sinun tulee hyväksyä, omaksua ja harjoitella hyviä ominaisuuksia ja välttää huonoja. Kun sitten kerran tavoitat oivalluksen korkeudet, niin siinä vaiheessa tulet kokemaan kaiken yhtenä.

51

Yhden lauseen ohje

Kysyjä: Amma, voisitko antaa minulle yhden lauseen ohjeen siitä, miten saavuttaisin mielenrauhan?

Amma: Pysyvän vai tilapäisen?

Kysyjä: Pysyvän, totta kai.

Amma: Siinä tapauksessa sinun tulee löytää *Itse*si (Atman).

Kysyjä: Tuo on liian vaikeaa. En ymmärrä sitä.

Amma: No sitten rakasta kaikkia.

Kysyjä: Ovatko nuo kaksi eri vastauksia?

Amma: Ei. Vain sanat ovat erilaiset. Löydä Itsesi ja rakasta kaikkia puolueettomasti, on pohjimmiltaan sama asia. Ne ovat toinen toisestaan riippuvaisia. (nauraen) Poikani, siinä on jo enemmän kuin yksi lause.

Kysyjä: Anteeksi Amma. Olen typerys.

Amma: Älä murehdi. Kaikki on hyvin, mutta haluatko jatkaa?

Kysyjä: Kyllä, Amma, voiko rauha, rakkaus ja aito onnellisuus kehittyä *sadhana*n (henkiset harjoitukset) harjoittamisen myötä? Vai ovatko nämä ominaisuudet vasta lopputulos?

Amma: Molempia. Vain sisäisen Itsen löytäminen tekee ympyrän täydeksi ja siitä seuraa täydellinen rauha.

Kysyjä: Mitä "ympyrä" tarkoittaa?

Amma: Se on sisäisen ja ulkoisen olemassaolon ympyrä, täydellisyyden tila.

Kysyjä: Mutta pyhissä kirjoituksissa sanotaan, että se on jo täydellinen ympyrä. Jos se kerran jo on ympyrä, mitä täydeksi tuleminen tarkoittaa?

Amma: Tietysti se on täydellinen ympyrä. Mutta useimmat ihmiset eivät oivalla sitä. Heille siinä on aukko, joka pitää täyttää. Pyrkiessään täyttämään tätä aukkoa jokainen ihmisolento juoksentelee pitkin ja poikin lukemattomien vaatimustensa, halujensa ja tarpeittensa pyörittämänä.

Kysyjä: Amma, olen kuullut sanottavan, että korkeimman oivalluksen tilassa ei ole sisäistä, eikä ulkoista olemisen tilaa.

53

Amma: Kyllä, mutta se on vain niiden kokemus, jotka ovat pysyvästi tuossa tilassa.

Kysyjä: Auttaako se, jos käsittää tuon tilan älyllisesti?

Amma: Auttaa mitä?

Kysyjä: Saamaan välähdyksen tuosta tilasta.

Amma: Ei, koska älyllinen ymmärrys tyydyttää vain älyä. Tuollainen tyydytys on sitä paitsi ohimenevää. Saatat luulla, että olet ymmärtänyt, mutta pian sinulla on jälleen epäilyksiä ja kysymyksiä. Ymmärtäminen perustuu vain rajallisiin sanoihin ja selityksiin. Ne eivät voi antaa kokemusta äärettömyydestä.

Kysyjä: Mikä sitten on paras tapa?

Amma: Ole ahkera, kunnes oivaltaminen tapahtuu.

Kysyjä: Mitä tarkoittaa "olla ahkera."

Amma: Amma tarkoittaa kärsivällistä *tapas*in (itsekuri) harjoittamista. Vain tapasia harjoittamalla, voit pysyä läsnä olevassa hetkessä.

Kysyjä: Onko tapas tuntikausia kestävää ja yhtämittaista meditaatiossa istumista?

Amma: Se on vain yksi osa. Kun noudatat jokaisessa toiminnassasi ja ajatuksessasi tapaa, joka auttaa sinua olemaan yhtä Jumalan eli Itsen kanssa, se on todellista tapasia.

Kysyjä: Tarkasti sanoen, mitä se on?

Amma: Sitä, että omistat elämäsi Jumalan oivaltamiselle.

Kysyjä: Olen hieman hämmentynyt.

Amma: (hymyillen) Et hieman, vaan hyvin hämmentynyt.

Kysyjä: Olet oikeassa. Mutta miksi?

Amma: Koska ajattelet liikaa henkisyyttä ja mielen tuolla puolen olevaa tilaa. Lakkaa ajattelemasta ja käytä tuo energia sen tekemiseen, mitä voit tehdä. Se antaa sinulle todellisen kokemuksen, tai ainakin välähdyksen tuosta todellisuudesta.

Aikatauluun sitoutuminen
on välttämätöntä

Kysyjä: Amma, olet sanonut, että on oltava kurinalainen ja noudatettava päivittäistä aikataulua niin tarkoin kuin suinkin. Amma, olen pienen lapsen äiti. Mitä teen, jos lapseni itkee juuri, kun aion ryhtyä meditoimaan?

Amma: Voit tehdä sen helposti. Huolehdi ensin lapsestasi ja meditoi sen jälkeen. Jos ryhdyt meditoimaan huolehtimatta ensin lapsestasi, silloin meditoit vain lasta, etkä Itseä eli Jumalaa.

Aikataulun noudattaminen on todella hyödyllistä etenkin alkuvaiheessa. Todellisen *sadhakan* (henkinen etsijä) tulisi harjoittaa jatkuvasti itsekuria, niin päivin kuin myös öin,

Joillakin on tapana nauttia kahvia heti herättyään. Elleivät he saa sitä ajallaan, he tulevat rauhattomiksi. Koko päivä saattaa olla pilalla vatsakivun, ummetuksen tai päänsäryn vuoksi. Sadhakalle meditoinnista, rukouksesta ja mantran toistamisesta, pitäisi tulla yhtä erottamaton osa elämää. Jos satut laiminlyömään sen, sinun tulisi tuntea se raskaasti. Siitä pitäisi syntyä voimakas halu olla koskaan lipeämättä siitä.

Omasta ponnistelusta

Kysyjä: Jotkut ihmiset sanovat, että koska todellinen luontomme on *Atman (Itse)*, henkiset harjoitukset eivät ole tarpeen. He sanovat: "Minä olen Se, olen kaikkiallinen tietoisuus, joten mitä mieltä on tehdä *sadhana*a (henkinen harjoitus), koska jo olen Se?" Ovatko nämä ihmiset oikeassa?

Amma: Amma ei halua sanoa ovatko nämä ihmiset oikeassa vai väärässä. Amma kokee, että nuo ihmiset, joko teeskentelevät olevansa Se tai ovat täysin harhautuneet tai sitten he ovat vain laiskoja. Amma haluaisi tietää sanoisivatko nämä ihmiset: "Koska en ole keho, en tarvitse ruokaa enkä juomaa?"

Olettakaamme, että sellainen henkilö viedään kauniisti katetun ruokapöydän ääreen ja ruoan sijaan lautasilla on paperi, johon on kirjoitettu "riisiä", toisessa "vihanneksia", "vanukasta" jne. Uskoisivatko nämä ihmiset syöneensä sydämensä kyllyydestä, ja että heidän ruokahalunsa olisi täysin tyydytetty?

Siemenessä piilee tuleva puu. Entäpä jos siemen sanoisi ylväästi: "En halua vaipua maahan. Minä olen puu. Minun ei tarvitse vajota likaiseen multaan." Jos siemen asennoituu tuolla tavoin, se ei voi itää. Siitä ei koskaan puhkeaisi itua, eikä siitä silloin voisi kasvaa puuta, joka suojaa auringon paahteelta ja antaa hedelmiä niitä haluaville. Jos siemen kuvittelee jo nyt olevansa puu, ei tapahdu mitään. Siemen pysyy edelleenkin siemenenä. Siispä ole siemen, mutta ole samalla halukas putoamaan maahan ja vaipumaan mullan syliin. Silloin maa huolehtii siemenestä.

Armo ratkaisevana tekijänä

Kysyjä: Amma, onko armo loppujen lopuksi ratkaiseva tekijä?

Amma: Armo on se tekijä, joka aikaansaa oikean tuloksen oikealla hetkellä ja oikeassa suhteessa siihen nähden, miten olet toiminut.

Kysyjä: Vaikka omistautuisi täysin työlleen, riippuuko lopputulos saamamme armon määrästä?

Amma: Täydellinen omistautuminen on kaikkein välttämättömintä. Mitä enemmän omistaudut työllesi, sitä avoimempi olet. Mitä avoimempi olet, sitä enemmän koet rakkautta. Mitä enemmän sinussa on rakkautta, sitä enemmän koet armoa.

Armo on avoimuutta, henkistä voimaa ja välitöntä tajuamista, jota voit kokea toimiessasi. Kun olet avoin kaikelle joka tilanteessa, se vapauttaa sinut egosta ja ahdasmielisistä näkemyksistäsi. Tämä muuttaa mielesi niin perusteellisesti, että siitä tulee hyvä kanava jumalalliselle *shakti*lle (*energia*).

Joku saattaa olla loistava laulaja. Näyttämöllä esiintyessään hänen tulisi antaa musiikin shakti-energian virrata lävitseen. Tämä tuo mukanaan armon ja auttaa esiintyjää tempaamaan koko yleisön mukaansa.

Kysyjä: Missä tuo armon lähde sijaitsee?

Amma: Armon todellinen lähde on meissä. Mutta jos et oivalla ja koe sitä, silloin tuntuu kuin se olisi jossakin kaukana, jossakin tuolla puolen.

Kysyjä: Jossakin tuolla puolen?

Amma: Tuolla puolen tarkoittaa myötäsyntyistä lähdettä, jota et tunnista nykyisessä mielentilassasi. Kun laulaja laulaa suoraan sydämestään, hänellä on yhteys jumalalliseen. Mistä sielua koskettava musiikki tulee? Saatat sanoa kurkusta tai sydämestä. Mutta jos katsot sisimpääsi, näetkö sitä siellä? Et näe, joten se tulee jostakin muualta. Tuo lähde on jumalallinen alkulähde. Lopullisen Itsen oivaltamisen ja toteutumisen tapahtuessa, löydät tuon alkulähteen sisimmästäsi.

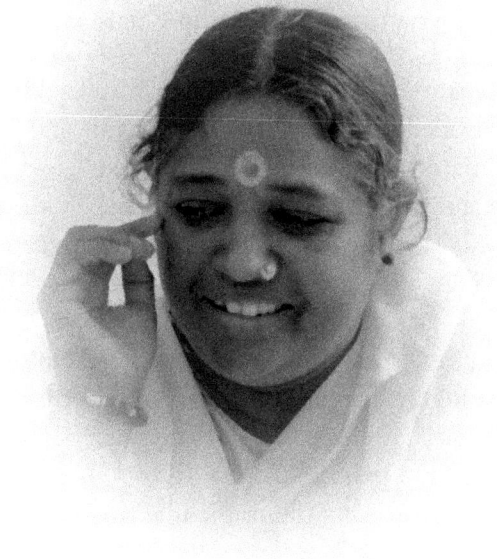

Sanjaasa, määrittelyn tuolla puolen

Kysyjä: Mitä todellinen *sanjaasa* tarkoittaa?

Amma: Todellisessa sanjaasassa ylitetään kaikki mielen luomat rajoitukset. Nykytilassamme olemme mielemme hypnotisoimia. *Sanjaasan* tilassa olemme vapautuneet tuon hypnoosin otteesta. Olemme heränneet unen kaltaisesta tilasta kuin humalainen humalatilastaan.

Kysyjä: Saavuttaako sanjaasi jumalallisen tilan?

Amma: Amma ilmaisee asiaa mieluummin toisin. Sanjaasa on tila jossa kunnioitetaan koko luomakuntaa ja nähdään se Jumalana.

Kysyjä: Onko nöyryys sanjaasille tunnusomaista?

Amma: Todellista sanjaasia ei voida määritellä. He ovat tuolla puolen. Jos kuvailet jotakin henkilöä sanomalla, että hän on hyvin nöyrä ja vaatimaton, siinä edelleenkin on "joku", joka kokee vaatimattomuutta ja nöyryyttä. Sanjaasan tilassa tuo "joku" on ego, joka on jo kadonnut. Tavallisesti nöyryys on ylimielisyyden vastakohta. Rakkaus on vihan vastakohta. Kun taas todellinen sanjaasi ei ole nöyrä eikä ylpeä – hän ei ole rakkaus, eikä myöskään viha. Hän, joka on saavuttanut sanjaasan, on ylittänyt tuon kaiken. Hänellä ei ole enää mitään voitettavaa tai saavutettavaa. Kun kutsumme todellista sanjaasia "nöyräksi", se ei tarkoita vain ylpeyden poissaoloa, vaan se merkitsee myös egon poissaoloa.

Joku kysyi *Mahatma*lta (Suuri Sielu): "Kuka sinä olet?"

Hän vastasi: "En ole."

"Oletko sinä Jumala?"

"Ei, en ole."

"Oletko pyhimys vai tietäjä?"

"Ei, en ole."

"Oletko ateisti?"

"Ei, en ole."

"No, mikä sitten olet?"

"Minä olen, mikä olen. Olen puhdas tietoisuus."

Sanjaasa on puhtaan tietoisuuden tila.

Jumalallinen näytelmä ilmatilassa

Näytelmän alkukohtaus: Air Indian lento Dubaihin, on juuri alkanut. Lennon henkilökunta valmistelee virvokkeiden tarjoilua. Yhtäkkiä matkustajat nousevat yksi toisensa jälkeen istuimiltaan ja alkavat liikkua kohti "business" luokkaa. Ymmärtämättä mistä on kyse, pelästynyt henkilökunta vaatii kaikkia palaamaan paikoilleen. Huomattuaan pyynnön täysin tehottomaksi, he pyytämällä pyytävät matkustajia malttamaan mielensä kunnes ruoka on tarjoiltu.

"Haluamme saada Amman *darshan*in (halaus)!" kuuluu matkustajien äänekäs vetoomus.

"Me ymmärrämme," vastaa henkilöstö. "Olkaa kärsivällisiä kunnes ruoka on tarjoiltu."

Lopulta matkustajat myöntyvät henkilöstön pyyntöön ja palaavat paikoilleen.

Toinen kohtaus:

Tarjoilu on päättynyt. Lentoemännät ja stuertit ottavat hoitaakseen darshanjonon valvontatehtävän ihmisten alkaessa hitaasti siirtyä kohti Amman istuinta. Darshanlipukkeita ei ole voitu hankkia niin lyhyellä varoitusajalla, mutta siitä huolimatta lentohenkilöstö suoriutuu tehtävästä.

Kolmas kohtaus:

Amman darshanin saatuaan matkustajat ovat hyvin onnellisia ja rentoutuneita ja asettuvat takaisin omille istuimilleen. Sitten koko miehistö, lentäjiä ja lennonjohtajia myöten, alkavat muodostaa jonoa. Myös he ovat odottaneet vuoroaan. Jokainen saa äidillisen halauksen ja sen lisäksi Amman rakkaudellisia armon kuiskauksia ja unohtumattoman säteilevän hymyn sekä *prasad*ina (siunattu lahja) makeisen.

Neljäs kohtaus:

Sama toistuu paluulennolla.

Sympatia & myötätunto

Kysyjä: Amma, mikä on todellista myötätuntoa?"

Amma: Todellista myötätuntoa on kyky nähdä ja tunnistaa, mitä on tuolla puolen. Ne, joilla on kyky nähdä tuolle puolen, kykenevät todella auttamaan ja kohottamaan muita.

Kysyjä: Minkä tuolle puolen?

Amma: Kehon ja mielen tuolle puolen, ulkoisen olemuksen tuolle puolen.

Kysyjä: Amma, mikä ero on sympatialla ja myötätunnolla?"

Amma: Myötätunto tarkoittaa todelliselta mestarilta saamaasi aitoa apua. Mestarit näkevät tuolle puolen, kun taas sympatia on ympärilläsi olevilta ihmisiltä saamaasi ohimenevää huojennusta. Sympatia ei yllä pintaa syvemmälle. Se ei yllä tuolle puolen. Myötätunto on todellista ihmisyksilön ymmärtämistä, hänen tilansa syvällistä tuntemista ja sen näkemistä, mitä hän todella tarvitsee. Sympatia on pinnallisempaa.

Kysyjä: Miten erotamme nämä kaksi?

Amma: Se on vaikeaa, mutta Amma valaisee sitä esimerkillä. On tavallista, että kirurgi kehottaa potilasta kävelemään jo toisena tai kolmantena päivänä suurenkin leikkauksen jälkeen. Jos potilas on haluton noudattamaan kehotusta, pätevä, seuraukset tunteva lääkäri pakottaa potilaan nousemaan vuoteesta ja kävelemään. Nähdessään potilaan tuskallisen raahustamisen sukulaiset saattavat sanoa: "Lääkäri on julma. Pakottaa kävelemään, vaikka potilas ei halua. Tuo on ihan liikaa."

Tässä esimerkissä sukulaisten asennetta voidaan kutsua sympatiaksi ja lääkärin asennetta myötätunnoksi. Kuka tässä tapauksessa todella auttaa potilasta, lääkäri vai sukulaiset? "Tuo lääkäri on täysin kelvoton. Kuka hän kuvittelee olevansa antaessaan ohjeitaan. Mitä hän tietää minusta? Puhukoon mitä puhuu, mutta minä en kuuntele." Tuollainen asenne ei auta potilasta mitenkään.

Kysyjä: Voiko sympatia vahingoittaa toista ihmistä?

Amma: Ellemme tunne kyllin tarkoin hänen tilanteensa taustatekijöitä ja hänen henkistä rakennettaan, sympatia saattaa aiheuttaa vahinkoa. On vaarallista, kun ihmiset antavat liian suuren arvon sympaattisille sanoille. Siitä saattaa muodostua jopa pakkomielle, joka vähitellen tuhoaa ihmiseltä arvostelukyvyn ja saa hänet rakentamaan suojakseen kotelon kaltaisen ahtaan maailman. He saattavat kokea olonsa mukavaksi, eivätkä ehkä koskaan edes yritä ponnistella ulos tilanteestaan. He saattavat tietämättään vajota yhä syvemmälle ja syvemmälle pimeyden syövereihin.

Kysyjä: Amma, mitä tarkoittaa "kotelon kaltainen maailma?"

Amma: Amma tarkoittaa, että kadotat kyvyn paneutua itsesi syvällisempään tarkasteluun, sen havainnoimiseen, mitä todella on tapahtumassa. Annetaan liian suuri merkitys toisen ihmisen sanoille ja luotetaan sokeasti häneen, eikä käytetä tarpeeksi omaa arvostelukykyä.

Sympatia on pinnallista rakkautta, koska siitä puuttuu tieto ongelman ytimestä. Sen sijaan myötätunto on ongelman todellisen syyn näkemiseen perustuvaa rakkautta, jolloin toiminta on todellisen tilanteen mukaista.

Todellinen rakkaus on täydellisen pelottomuuden tila

Kysyjä: Amma, mitä on aito rakkaus?

Amma: Aito rakkaus on täydellisen pelottomuuden tila. Pelko kuuluu mieleen ja siksi pelko ja todellinen rakkaus eivät voi ilmetä yhdessä. Rakkauden syvetessä pelon voima hälvenee vähitellen.

Pelkoa on vain, kun samastut kehoosi ja mieleesi. Mielen heikkouden voittaminen ja rakkaudessa eläminen on jumaluutta. Mitä enemmän sinussa on rakkautta, sitä enemmän sinussa ilmenee jumaluutta. Mitä vähemmän sinussa on rakkautta, sitä enemmän sinussa on pelkoa ja sitä kauempana olet elämän ytimestä. Pelottomuus on eräs todellisen rakkauden tärkeimmistä ominaisuuksista.

Kielloista ja ohjeista

Kysyjä: Amma, puhtautta ja muita moraalisia arvoja pidetään tärkeänä henkisessä elämässä. Jotkut New Age-gurut kuitenkin kieltävät niiden olevan tarpeellisia. Amma, mitä mieltä sinä olet?

Amma: On aivan totta, että moraalisilla arvoilla on tärkeä osa henkisessä elämässä. Jokaisella polulla ja uralla, henkisellä tai maallisella, on tietyt ohjeet ja kiellot, joita tulee noudattaa. Jos annettuja ohjeita ei noudateta, on toivotun lopputuloksen saavuttaminen vaikeaa. Mitä hienovireisempää lopputulosta tavoitellaan, sitä vaativampi on sen saavuttamiseksi tehtävä taival. Itsen oivaltaminen ja toteuttaminen, on kokemuksista huikein, siksi se edellyttää myös kaikkein tinkimättömimpiä ohjeita ja sääntöjä.

Potilas ei voi syödä tai juoda mitä haluaa. Sairaus asettaa rajat ruokavaliolle ja liikkumiselle. Ohjeiden noudattaminen vaikuttaa tervehtymiseen. Potilaan tila voi jopa huonontua, jos hän ei noudata niitä. Hänen on viisasta selvittää onko hänen noudatettava tiettyjä ohjeita ja määräyksiä. Jotkut muusikot harjoittelevat 18 tuntia vuorokaudessa saavuttaakseen soittimensa täydellisen hallinnan. Kiinnostaapa sinua mikä tahansa alue, henkisyys, tiede, politiikka, urheilu tai taide, niin onnistumisesi ja menestymisesi riippuu täysin suhtautumistavastasi ja ajasta, jonka tosissasi käytät päämääräsi hyväksi. Erittäin tärkeää on myös se, miten tiiviisti noudatat ensiarvoisen tärkeitä ohjeita.

Kysyjä: Onko moraalinen nuhteettomuus päämäärään pääsemisen edellytys.?

Amma: Se voi olla moraali, henkinen puhtaus, mutta se voi olla myös rakkaus, myötätunto, anteeksianto, kärsivällisyys tai pitkämielisyys. Valitsepa vaikka vain yksi ominaisuus ja noudata sitä mahdollisimman luottavaisena ja myönteisenä, niin muut ominaisuudet seuraavat itsestään. Tavoite on päästä mielen rajallisuuden tuolle puolen.

Amma, lahja maailmalle

Kysyjä: Amma, mitä odotat oppilailtasi?

Amma: Amma ei odota mitään keneltäkään. Amma on antanut itsensä maailmalle. Kun tarjoutuu antamaan itsensä, miten silloin voisi toivoa saavansa jotain? Kaikki odotukset ovat egosta peräisin.

Kysyjä: Mutta Amma, puhut paljon *Guru*lle (mestari) antautumisesta. Eikö tuo ole edellytys?

Amma: Totta. Amma puhuu siitä, mutta ei siksi, että hän edellyttäisi lapsiltaan antautumista, vaan koska se on henkisen elämän ratkaiseva tekijä. Guru antaa oppilaalleen kaiken, mitä hänellä on. Koska *Satguru* (täydellinen mestari) on täydellisesti antautunut sielu, juuri sitä samaa hän läsnäolollaan tarjoaa ja opettaa oppilaille. Tämä tapahtuu aivan luonnostaan. Riippuu oppilaan kypsyydestä ja ymmärryksen tasosta, hyväksyykö vai hylkääkö tämä sen. Miten tahansa oppilas sitten asennoituukaan, Satguru antaa jatkuvasti. Hän ei voi toimia toisin.

Kysyjä: Mitä tapahtuu, kun oppilas antautuu Satgurulle?

Amma: Suuresta tulesta sytytetyn liekin lailla myös oppilaasta tulee samanlainen tuli, joka opastaa maailmaa. Myös oppilaasta tulee mestari.

Kysyjä: Mikä edistää tuota kehitystä eniten? Mestarin fyysinen olemus vai hänen muotoa vailla oleva olemuspuolensa?

Amma: Molemmat. Oppilasta innostaa Satgurussa, hänen fyysisen olemuksensa kautta säteilevä, puhtaana rakkautena, myötätuntona ja antaumuksena ilmenevä, muotoa vailla oleva tietoisuutensa.

Kysyjä: Antautuuko oppilas Mestarin fyysiselle muodolle vai muotoa vailla olevalle tietoisuudelle?

Amma: Se alkaa fyysiselle muodolle antautumisena. Mutta oppilaan oivaltaessa oman todellisen Itsensä se muuttuu antautumiseksi muotoa vailla olevalle tietoisuudelle. Jo *sadhana*n (henkinen harjoitus) alkuvaiheessa, oppilaan antautuessa Mestarille, hän itse asiassa antautuu tietoisuudelle, vaikkei hän olekaan siitä tietoinen.

Kysyjä: Miksi?

Amma: Koska oppilas tuntee vain kehon. Tietoisuus on hänelle täysin tuntematon käsite.

Jatkossakin todellinen oppilas palvoo Gurunsa muotoa kiitollisuuden osoituksena siitä, että tämä on kylvettänyt häntä armonsa virrassa ja osoittanut hänelle tien.

Satgurun muoto

Kysyjä: Selittäisitkö helposti ymmärrettävällä tavalla *Satguru*n (täydellinen mestari) fyysistä olemusta?

Amma: Satguru on molempia, sekä kehoa vailla, että kehossa oleva. Sitä voitaisiin verrata suklaaseen. Kun laitat suklaan suuhusi, se sulaa heti ja muuttuu muodottomaksi, se tulee osaksi sinua. Kun tosissasi yrität sulattaa Mestarin opetuksia ja omaksua ne osaksi elämääsi, oivallat, että Mestari on myös muotoa vailla oleva korkein tietoisuus.

Kysyjä: Sitten meidän tulisi syödä sinut, Amma?

Amma: Kyllä. Jos voit syödä Amman, hän on hyvin halukas olemaan sielullesi ravintona.

Kysyjä: Amma, kiitos suklaaesimerkistä. Minun on nyt hyvin helppo käsittää se, sillä rakastan suklaata.

Amma: (nauraen) Mutta älä rakastu siihen, se on haitaksi terveydellesi.

Täydellisiä oppilaita

Kysyjä: Mitä voi saavuttaa tulemalla täydelliseksi oppilaaksi?

Amma: Tulet täydelliseksi mestariksi.

Kysyjä: Miten kuvailisit itseäsi?

Amma: Ehdottomasti ei joksikin.

Kysyjä: Sitten?

Amma: Ei miksikään.

Kysyjä: Tarkoittaako se kaikkea?

Amma: Se tarkoittaa, että hän on aina läsnä ja kaikkien ulottuvilla.

Kysyjä: Tarkoittaako "kaikki" heitä, jotka tulevat luoksesi?

Amma: "Kaikki" tarkoittaa jokaista, joka on avoin.

Kysyjä: Tarkoittaako se sitä, että Amma ei ole niiden ulottuvilla, jotka eivät ole avoimia?

Amma: Amma on fyysisesti kaikkien ulottuvilla, hyväksyivät he sitten hänet tai eivät. Mutta kokemus voi tulla vain niiden osaksi, jotka ovat avoimia. Kukan kauneuden ja tuoksun kokevat vain ne, jotka ovat avoimia.

Ihminen, jonka sieraimet ovat tukossa, ei voi tuntea tuoksua. Samoin eivät sulkeutuneet sydämet voi kokea sitä, mitä Amma tarjoaa.

Vedanta & luomakunta

Kysyjä: Amma, luomistyöstä on ristiriitaisia teorioita. Antaumuksen tietä seuraavat sanovat, että Jumala loi maailman. Kun taas *vedantisti*t (ei-dualistit) sanovat kaiken olevan mielen luomusta ja että luomakunta on olemassa vain niin kauan kuin mieli on olemassa. Kumpi näistä näkemyksistä pitää paikkansa?

Amma: Molemmat näkemykset ovat paikkansapitäviä. Kun palvoja näkee Jumalan maailman luojana, vedantisti näkee *Brahman*in (kaiken kattava absoluuttinen tietoisuus) kaiken takana olevana, muuttuvan maailman alkuperustana. Vedantistille maailma on mielen heijastuma. Jumalan palvelijalle maailma on hänen rakkaimman Herransa *liila*a (leikkiä). Näkemykset saattavat vaikuttaa täysin vastakkaisilta, mutta paneuduttuasi niihin syvemmin, huomaat että ne ovat pohjimmiltaan sama asia.

Nimi ja muoto ovat sidoksissa mieleen. Kun mieli lakkaa olemasta, silloin myös nimet ja muodot katoavat. Maailma tai luomakunta koostuu nimistä ja muodoista. Jumala tai Luoja on tarpeen vain, kun luomakunta on olemassa. Jopa Jumalalla on silloin nimi ja muoto. Jotta nimien ja muotojen maailma voisi ilmetä, täytyy olla sen alkuun sysääjä ja sitä kutsumme Jumalaksi.

Alkuperäinen *Vedanta* on korkeimman tiedon sanallinen muoto. Amma ei tarkoita pyhien kirjoitusten Vedantaa tai Vedantaa, josta niin kutsutut vedantistit puhuvat. Amma puhuu Vedantasta ylivertaisena kokemuksena, elämäntapana, kaikissa elämäntilanteissa vallitsevana mielen tasapainona.

Mutta helppoa se ei ole. Ilman perinpohjaista muuttumista tämä kokemus ei viriä. Tällainen, älyllisellä ja tunnetasoilla tapahtuva mullistava muutos, tekee mielestä hienovaraisen, avaran ja vahvan. Kun mielestä tulee hienovaraisempi ja laajempi, sitä enemmän siitä tulee "ei-mieli". Vähitellen mieli katoaa. Kun sitä ei ole, missä on Jumala, maailma tai luomakunta? Tämä ei kuitenkaan tarkoita, että maailma katoaisi näkökentästäsi. Tapahtuu sisäinen muodonmuutos, ja näet kaiken ykseytenä.

Kysyjä: Tarkoittaako tuo sitä, että siinä tilassa myös Jumala on illuusio?

Amma: Kyllä. Korkeimmasta tilasta katsottaessa Jumalan muoto on illuusio. Tämä riippuu kuitenkin sisäisen kokemuksesi syvyydestä. Siitä huolimatta sellaiset vedantistit, jotka kaikessa itsekeskeisyydessään pitävät jopa jumalten ja jumalatarten muotoja merkityksettöminä, ovat väärässä. Muista, että ego ei auta tällä tiellä, vain nöyryys auttaa.

Kysyjä: Tähän asti ymmärrän. Amma, mainitsit, että korkeimmasta näkökulmasta katsottuna, myös Jumalan muoto on illuusio. Tarkoitatko, että jumalten ja jumalatarten erilaiset olemukset ovat vain mielen kuvastamia?

Amma: Viimekädessä ne ovat sitä, sillä se, mikä katoaa, ei ole totta. Kaikilla muodoilla, jopa jumal- ja jumalatarhahmoilla on alkunsa ja loppunsa. Se mikä syntyy ja kuolee on mielestä lähtöisin, ajatuksen tasolla olevaa ja kytköksissä ajatustapahtumaan. Kaikki mieleen liittyvä on muutoksen alaista, koska mieli toimii ajan puitteissa. Muuttumaton totuus, joka on mielen ja älyn perusta, on ikuinen ja pysyvä. Se on *Atman* (Itse), olemisen korkein tila.

Kysyjä: Jos jumalten ja jumalatarten hahmot ovat epätodellisia, onko sitten tarpeellista rakentaa temppeleitä palvontamenoja varten?

Amma: Et ymmärrä asian ydintä. Jumalia ja jumalattaria ei voi hylätä noin vain. Ihmisille, jotka yhä samastuvat mieleensä, eivätkä ole vielä saavuttaneet korkeinta tilaa, tuollaiset jumaluudet ovat hyödyllisiä heidän henkistä kasvuaan ajatellen. Ne auttavat heitä valtavasti.

Maiden hallitukset muodostavat useita osastoja ja jaoksia. Presidentin ja pääministerin alaisina on useita ministereitä, ja näillä on eri jaostoissa alaisinaan virkailijoita ja toimihenkilöitä, jopa siivoojia. Oletetaan, että haluat saada tehdyksi jotain. Jos tunnet presidentin tai pääministerin tai sinulla on läheinen suhde heihin, niin menet suoraan heidän luokseen ja se, mitä haluat tehtävän, toteutuu välittömästi. Sinun kohdallasi asiat sujuvat helposti ja yksinkertaisesti. Mutta suurimmalla osalla ihmisistä ei ole tuollaisia suhteita tai vaikutusvaltaa. Saadakseen ongelmat selvitettyä tai päästäkseen tapaamaan korkeita virkailijoita, heidän on hoidettava asiat normaalin käytännön mukaan, - otettava yhteys osaston nuorempaan virkailijaan tai johonkin vielä alempaan osastoon. Ollessamme fyysisellä tasolla ja samastuessamme mieleen ja sen ajatuskaavoihin, meidän on tarpeen hyväksyä erilaisten jumaluuksien olemassaolo siihen asti, kunnes olemme yltäneet välittömään yhteyteen puhtaan energian sisäiseen lähteeseen.

Kysymys: Mutta vedantistit eivät yleensä hyväksy tällaista näkemystä.

Amma: Kummasta tapauksesta puhut? Kirjatoukkavedantisti, joka toistaa pyhiä kirjoituksia kuin koulittu papukaija tai kuin kasettisoitin, ei ehkä hyväksy, mutta todellinen vedantisti aivan varmasti hyväksyy. Vedantisti, joka ei hyväksy maailmaa ja antaumuksen tietä, ei ole todellinen vedantisti.

Todellista Vedantaa on maailman hyväksyminen ja sen moninaisuuden tunnustaminen ja samanaikainen yhden totuuden näkeminen. Vedantisti, joka pitää rakkauden tietä alempiarvoisena, ei ole vedantisti, eikä todellinen henkinen etsijä. Todelliset vedantistit eivät voi tehdä henkisiä harjoituksia ilman rakkautta.

Muoto johdattaa sinut vailla muotoa olevaan edellyttäen, että teet henkiset harjoitukset oikein asennoituen. *Saguna* (muoto) on *nirgunan* (vailla muotoa) ilmentymä. Onko oikein kutsua itseään vedantiksi, jos ei tajua tätä yksinkertaista lähtökohtaa

Kysyjä: Amma, kerroit palvojan näkevän maailman Jumalan liilana. Mitä liila tarkoittaa?

Amma: Yhdellä sanalla ilmaistuna se on äärimmäistä puolueettomuutta. Liilaksi nimitetään äärimmilleen vietyä *Sakshin* (sivustakatsojan asenne) tilaa, tilaa, jossa ei ilmene mitään vallankäytön muotoja. Kun on täydellisesti irti mielestä ja sen loputtomista laskelmoinneista, miten voisikaan tuntea kiintymistä tai halua määrätä. Kaiken, sekä sisä- että ulkopuolella tapahtuvan seurailemainen, siihen mitenkään osallistumatta, on todella hauskaa, kaunista leikkiä.

Kysyjä: Olemme kuulleet, että tuo liila oli syynä *Krishna Bhavan*[1] lopettamiseen?

---

[1] Alunperin Amma ilmensi sekä *Krishna* että *Devi Bhava*a (maailmankaikkeuden jumalallisen äidin mielentila), mutta lopetti Krishna *Bhava*n vuonna 1983.

Amma: Se oli yksi syy. *Krishna* (eräs hindujumalista) oli kiintymätön. Hän osallistui aktiivisesti kaikkeen, mutta kiintymättä mihinkään ympärillään tapahtuvaan. Leikkisä, ainainen hymy Krishnan kauniilla kasvoilla tarkoitti juuri tuota.

Amman kuunnellessa oppilaiden ongelmia Krishna Bhavan aikana, hän oli aina leikkisä, mutta etäinen. Tuossa suhtautumisessa ei ollut rakkautta eikä rakkaudettomuutta, ei myöskään myötätuntoa tai myötätunnottomuutta. Ihmisten tunteiden kannalta tärkeä äidillinen rakkaus, kiintymys ja syvä empatia puuttuivat. Se oli tuolla puolen olemisen tila. Amma ajatteli, että se ei auttaisi ihmisiä lainkaan. Siksi hän päätti rakastaa ja palvella lapsiaan äitinä.

"Oletko onnellinen"

Kysyjä: Amma, olen kuullut sinun kysyvän *darshan*iin (mestarin vastaanotto) tulevilta ihmisiltä, oletko onnellinen? Miksi kysyt sitä?

Amma: Se on kuin kutsu onnellisuuteen. Jos olet onnellinen, olet avoin, silloin Jumalan rakkaus, eli *shakti* (jumalallinen energia) voi virrata sinuun. Amma tavallaan muistuttaa tuota henkilöä olemaan onnellinen, jotta Jumalan shakti voi virrata häneen. Ollessasi onnellinen, olet avoin ja vastaanottavainen. Silloin sinulla on saatavilla enemmän ja enemmän onnellisuutta. Onnettomana olet sulkeutunut ja menetät kaiken. Avoimena olet onnellinen. Se vetää Jumalan sinuun. Kun Jumala on sisimmässäsi, voit olla vain onnellinen.

Suurenmoinen esimerkki

Santa Fe'ssä vihmoi vettä saapuessamme sinne. "Näin tapahtuu aina Santa Fe'ssä. Pitkän kuivuuden jälkeen alkaa sataa, kun Amma tulee", sanoi Amman isäntäväki New Mexicon Amma keskuksesta.

Oli pilkkopimeää saapuessamme perille. Amma viivytteli autosta nousemista. Hänen tullessaan ulos talon isäntä ojensi hänelle heti sandaalit ja käveli sitten auton editse opastaakseen Amman taloon. Amma otti joitakin askeleita auton etuosaa kohden, sitten, aivan yllättäen, hän käännähti takaisin ja sanoi: "Ei. Amma ei halua kävellä auton editse, ne ovat sen kasvot, Amma tuntee, että on epäkunnioittavaa tehdä niin, eikä Amma halua toimia sillä tavalla." Hän kiersi auton takakautta ja meni taloon. Amma ei tehnyt niin ensimmäistä kertaa. Aina autosta noustuaan, hän kiertää sen takaa.

Olisiko suurenmoisempaa esimerkkiä siitä, miten Amman sydän ottaa huomioon kaiken, jopa elottomat esineet.

Ihmissuhteista

Erään miehen ollessa darshanissa, (mestarin vastaanotto) hän kääntyi minun puoleeni ja sanoi: "Swamiji (maailmasta luopunut, vihkimyksen saanut munkki), ole hyvä, kysy Ammalta voinko lopettaa tyttöjen tapaamiset ja olla sitoutumatta rakkaussuhteeseen?"

Amma: (kujeilevasti hymyillen) Mitä on tapahtunut, onko tyttöystäväsi karannut jonkun toisen kanssa?

Kysyjä: (jokseenkin yllättyneenä) Miten tiesit?

Amma: Helposti. Tietyt elämäntilanteet synnyttävät tuollaisia ajatuksia.

Kysyjä: Amma, olen mustasukkainen, koska tyttöystäväni jatkaa ystävyyttä entisen poikaystävänsä kanssa.

Amma: Onko tuo syynä siihen, että lopettaisit tyttöjen tapaamiset ja olisit sitoutumatta rakkaussuhteeseen?

Kysyjä: Olen tympääntynyt ja turhautunut tuollaisten tapahtumien toistumiseen. Nyt riittää. Haluan olla rauhassa ja keskittyä henkisiin harjoituksiin.

Amma ei kysynyt enempää, vaan jatkoi darshanin antamista. Jonkin ajan kuluttua mies totesi minulle: "Ihmetyttää, ettei Ammalla ole mitään neuvoa minulle."

Amma kuuli miehen sanat.

Amma: Poikani, Amma luuli, että olet jo päättänyt, mitä teet. Etkö sanonut olevasi kyllästynyt sellaisiin asioihin? Etkö halunnutkin elää rauhallista elämää ja keskittyä tästä lähtien henkisiin harjoituksiin? Se kuulostaa oikealta ratkaisulta. Joten jatka vain siihen suuntaan.

Mies oli hiljaa, mutta vaikutti levottomalta. Jossakin vaiheessa Amma vilkaisi häneen. Hymyn ja katseen takana näin Ammassa Suuren Mestarin, joka heilutti kädessään taianomaista hämmentäjänsauvaansa, valmiina pyöräyttämään sitä nostaakseen esiin jotakin piilossa ollutta.

Kysyjä: Tarkoittaako tämä sitä, että Ammalla ei ole mitään sanottavaa minulle?

Yhtä äkkiä miesparka alkoi itkeä.

Amma: (pyyhkien hänen kyyneleitään) Kerrohan, mikä on todellinen ongelmasi? Ole avoin ja kerro Ammalle.

Kysyjä: Amma, vuosi sitten tapasin hänet Amman ohjelman aikana. Katsoessamme toisiamme silmiin tiesimme, että kohtalo oli määrännyt meidät yhteen. Kaikki alkoi siitä hetkestä. Nyt, yhtäkkiä tämä tyyppi, hänen entinen poikaystävänsä, on tullut väliimme. Tyttöystäväni sanoo sen olevan vain ystävyyttä, mutta jotkut tilanteet saavat minut epäilemään hänen sanojaan.

Amma: Miksi sinusta tuntuu siltä, etteivät hänen sanansa ole totta?

Kysyjä: Tilanne on seuraava. Minä ja hänen ex-poikaystävänsä olemme täällä Amman tilaisuudessa. Hän viettää kuitenkin enemmän aikaa tuon toisen kanssa. Olen levoton; en tiedä, mitä tekisin. Olen masentunut. Minun on vaikeaa keskittyä Ammaan, vaikka olen täällä sitä varten. Meditointini ei ole syvää, enkä edes nuku hyvin.

Amma: (leikkisästi) Tiedätkö, tämä ex-poikaystävä saattaa ylistää häntä sanomalla: "Rakkaani, olet maailman kaunein nainen. En pysty edes ajattelemaan ketään toista naista tavattuani sinut." Tämä mies saattaa ilmaista rakkauttaan vakuuttavasti, antamalla hänen puhua paljon ja olemalla itse vaiti, jopa ollessaan ärsyyntynyt. Kaiken kukkuraksi ex-poikaystävä ostaa hänelle runsaasti suklaata! Tyttöystävälläsi saattaa ehkä olla parempi käsitys hänestä kuin sinusta, joka komentelet, nälvit alituiseen, haastat riitaa hänen kanssaan yms.

Kuullessaan nämä sanat mies ja Amman ympärillä olevat ihmiset purskahtivat nauruun. Mutta mies oli rehellinen ja tunnusti Ammalle olevansa enemmän tai vähemmän Amman sanojen kaltainen.

Amma: (silittäen hänen selkäänsä) Oletko hyvin vihainen ja raivoissasi tyttö ystävällesi?

Kysyjä: Kyllä. Mutta vielä enemmän olen vihainen ex-poikaystävälle. Mieleni on kuohuksissa.

Amma kosketti hänen kättään. Käsi oli polttavan kuuma.

Amma: Missä hän on nyt?

Kysyjä: Jossakin täällä.

Amma: (englanniksi) Mene puhumaan.

Kysyjä: Hetikö?

Amma: Kyllä. Heti.

Kysyjä: En tiedä missä hän on.

Amma: (englanniksi) Mene etsimään.

Kysyjä: Kyllä menen, mutta ensin minun on löydettävä ex-poikaystävä, sillä sieltä hänkin löytyy. Amma, sano minulle, pitäisikö minun jatkaa suhdetta vai lopettaa se? Luuletko, että suhde voisi palautua ennalleen?

Amma: Poikani, Amma tietää, että olet yhä edelleen riippuvainen hänestä. Mutta tärkeintä on, että ensin itse vakuutut siitä, että tuo tunne, jota kutsut rakkaudeksi, ei ole rakkautta, vaan riippuvuutta. Vain tuo varmuus auttaa sinua pääsemään vapaaksi tuosta tunnetilasta, jossa nyt olet. Onnistut tai et palauttamaan suhteen ennalleen, kärsimyksesi jatkuu, jos et kykene selkeästi erottamaan sitä, mikä on kiintymystä ja mikä rakkautta.

Amma kertoo sinulle tarinan. Kerran eräs korkea virkamies meni vierailulle mielisairaalaan. Lääkäri vei hänet osastokierrokselle. Eräässä huoneessa oli potilas, joka istui tuolilla vartaloaan eteen ja taakse keinuttaen ja toistellen: "Pumpum...Pumpum...Pumpum.." Virkailija tiedusteli lääkäriltä syytä hänen sairauteensa, ja oliko nimen ja sairauden välillä jokin yhteys.

Lääkäri vastasi: "Surullinen tarina. Pumpum oli tyttö, jota tämä mies rakasti. Tyttö jätti hänet ja karkasi toisen kanssa. Sen jälkeen mies menetti järkensä."

"Mies parka," vastasi virkailija ja käveli eteenpäin. Hämmästyksekseen hän kuuli seuraavankin huoneen potilaan toistavan: "Pumpum...Pumpum...Pumpum..." päätään seinään iskien. Häkeltynyt virkailija kysyi lääkäriltä: "Mitä tämä tarkoittaa? Miksi tämä potilas toistaa samaa nimeä? Onko näillä jotakin yhteyttä?"

"Kyllä", vastasi lääkäri. Tämä on mies, joka avioitui Pumpumin kanssa."

Kaikki purskahtivat nauramaan

Amma: Katsos poikani, rakkaus on verrattavissa kukan nuppuun. Et voi pakottaa sitä avautumaan. Jos avaat sen väkipakolla, kukan kauneus ja tuoksu tuhoutuvat, joten et sinä, eivätkä muutkaan saa täysin nauttia siitä. Jos sallit, että se avautuu luonnollisesti, voit kokea kukan suloisen tuoksun ja terälehtien värit. Ole siis kärsivällinen, tarkkaile itseäsi. Ole oma peilisi ja yritä huomata, miten ja missä tilanteessa olet väärässä.

Kysyjä: Minusta tuntuu, että mustasukkaisuuteni ja vihani päättyy vain, kun solmin avioliiton Jumalan kanssa.

Amma: Kyllä. Sinä sen sanoit. Ole Jumalan morsian. Vain liitto henkisen totuuden kanssa mahdollistaa tuolle puolen pääsyn ja todellisen rauhan ja onnen löytämisen.

Kysyjä: Autatko minua siinä asiassa?

Amma: Amman apu on aina saatavilla. Sinun vain on huomattava se ja tartuttava siihen.

Kysyjä: Hyvin paljon kiitoksia Amma. Sinä olet jo auttanut minua.

Todellisen mestarin tehtävästä

Kysyjä: Amma, mitä *Satguru* (todellinen mestari) tekee oppilaalle?

Amma: Satguru auttaa oppilasta näkemään heikkoutensa.

Kysyjä: Miten sellainen voi auttaa oppilasta?

Amma: Todellinen näkeminen tarkoittaa oivaltamista ja hyväksymistä. Oppilaan hyväksyttyä heikkoutensa; silloin siitä on helpompi päästä eroon.

Kysyjä: Amma, tarkoittaako "heikkous" egoa?

Amma: Viha on heikkous, mustasukkaisuus on heikkous, katkeruus, itsekkyys ja pelko ovat heikkoutta. Kyllä. Kaikkien näiden heikkouksien perimmäinen syy on ego. Mielen kaikkia rajoituksia ja heikkouksia kutsutaan egoksi.

Kysyjä: Joten Satgurun tehtävä on työstää oppilaan egoa.

Amma: Satgurun tehtävä on auttaa oppilasta oivaltamaan tämän pikkusieluisen, egoksi kutsutun ilmiön mitättömyys. Ego on mitätön, kuin vaivainen öljytuikku.

Kysyjä: Miksi on tärkeää kokea egon mitättömyys?

Amma: Koska egossa ei ole mitään uutta tai huomion arvoista. Kun on tarjolla auringon säihkyvä loisto, miksi piitata tuollaisesta liekistä, joka on mahdollista sammuttaa milloin hyvänsä.

Kysyjä: Amma, voisitko kuvailla tuota asiaa hieman tarkemmin?

Amma: Sinä olet kaikkeus, jumalallisuus. Siihen verrattuna ego on kuin pieni liekki. Satguru poistaa egon, mutta toisaalta hän lahjoittaa sinulle kaikkeuden. Kerjäläisen tilasta Satguru korottaa sinut hallitsijaksi, kaikkeuden hallitsijaksi. Pelkästä ottajasta, Satguru tekee sinusta antajan, kaiken antajan niille, jotka tulevat luoksesi.

Mahatman toiminnasta

Kysyjä: Onko totta, että *Mahatma*n (Suuri Sielu) kaikilla teoilla on merkitystä?

Amma: Paremmin ilmaistuna, mitä tahansa Itsen oivaltanut sielu tekee, sisältyy siihen jumalallinen viesti elämän syvemmistä voimanlähteistä. Jopa järjettömiltä vaikuttavat teot viestivät tuollaista sanomaa.

Eli kerran Mahatma, jonka ainoana tehtävänä oli vierittää valtavia kiven järkäleitä vuoren laelle. Tätä ja vain tätä, hän teki kuolemaansa asti. Hän ei kyllästynyt eikä valittanut koskaan. Ihmiset luulivat häntä hulluksi, vaikkei hän sitä ollutkaan. Kivenjärkäleen punnertaminen vuoren huipulle pelkin käsivoimin kesti useita tunteja, joskus jopa päiviä. Päästyään laelle, hän antoi kiven vieriä alas. Katsellessaan järkäleen vierimistä huipulta alas vuoren juurelle, Mahatma taputti käsiään ja nauroi iloisesti kuin pieni lapsi.

Menestyminen, millä toiminnan alueella tahansa, vaatii paljon rohkeutta ja voimaa. Mutta kestää vain hetken tuhota kaikki kovalla työllä saavutettu. Tämä on totta, jopa hyveiden suhteen. Tämä Suuri Sielu ei ollut vähäisessäkään määrin kiintynyt ponnisteluunsa, niin tosissaan kuin hän sitten punnersikin järkäleitä rinnettä ylös. Siksi hän kykeni nauramaan pienen lapsen lailla täydellisen vapautuneisuuden naurua. Tässä oli oletettavasti se opetus, jonka hän toivoi jokaisen oppivan.

Ihminen saattaa tulkita ja tuomita Mahatman tekoja, näin siksi, ettei mieli ole virittynyt kyllin herkäksi nähdäkseen pintaa syvemmälle. Ihmisillä on odotuksia, mutta todellinen Mahatma ei täytä kenenkään odotuksia.

Amman herättävä halaus

Kysyjä: Jos joku sanoo sinulle, että myös hän voisi tehdä samaa kuin sinäkin eli halata ihmisiä, mitä vastaisit?

Amma: Se olisi suurenmoista. Maailma tarvitsee yhä enemmän ja enemmän myötätuntoisia sydämiä. Amma olisi onnellinen, jos joku muukin katsoisi *dharma*kseen (oikeamielisyys ja velvollisuus) palvella ihmiskuntaa halaamalla ihmisiä, todellisesta rakkaudesta ja myötätunnosta heitä kohtaan, koska yksi Amma ei voi fyysisesti halata koko ihmiskuntaa. Todellinen äiti ei koskaan vaatisi myöskään korvausta lapsilleen uhrautumisesta.

Kysyjä: Amma, mitä tapahtuu silloin, kun halaat ihmisiä?

Amma: Kun Amma halaa, se ei ole pelkkä fyysinen yhteys. Amman koko luomakuntaa kohtaan tuntema rakkaus virtaa jokaista hänen luokseen tulevaa ihmistä kohti. Tuo puhtaan rakkauden värähtely puhdistaa ihmistä ja edistää sisäistä heräämistä ja henkistä kasvua.

Nykymaailmassa, sekä miehissä että naisissa, pitäisi tapahtua äidillisten ominaisuuksien heräämistä. Amman halaukset auttavat ihmisiä tiedostamaan tämän koko maailmaa koskevan välttämättömyyden.

Rakkaus on ainoa kieli, jota jokainen elävä olento voi ymmärtää. Se on yleismaailmallinen. Rakkaus, rauha, meditointi ja *moksha* (vapautus) ovat kaikki yleismaailmallisia.

Miten maailmasta tulee Jumala

Kysyjä: Perheellisenä miehenä minulla on monia velvoitteita ja sitoumuksia. Miten minun tulisi asennoitua?

Amma: Oletpa perheellinen tai munkki, tärkeintä on, miten ymmärrät maailmaa ja pohdit elämää sekä sen mukanaan tuomia kokemuksia. Jos asenteesi on myönteinen ja hyväksyvä, elät Jumalan kanssa maailmassa ollessasi. Maailmasta tulee silloin Jumala. Koet joka hetki Hänen läheisyytensä. Kielteinen asenne tuottaa päinvastaisen tuloksen, silloin valitset kumppaniksesi paholaisen. Vilpittömän *sadhaka*n (henkinen etsijä) pitäisi keskittyä oman mielensä ja sen huonojen taipumusten tunnistamiseen, voidakseen vapauttaa itsensä niistä.

*Mahatma*lta (Suuri Sielu) kysyttiin: "Pyhä mies, oletko varma, että pääset taivaaseen kuoltuasi?"

Mahatma vastasi: "Kyllä. Ehdottomasti."

"Miten voit tietää? Et ole kuollut, joten et voi tietää mitä Jumalan mielessä liikkuu."

"Tietysti se on totta. En voi edes aavistaa, mitä Jumalan mielessä liikkuu, mutta tunnen oman mieleni. Olen aina onnellinen missä sitten olenkin. Olen siis onnellinen ja levollinen jopa helvetissä," vastasi Mahatma.

Onnellisuus ja rauha ovat totisesti taivas. Kaikki riippuu omasta mielestäsi.

Amman sanojen voima

Olen kokenut samoin satoja kertoja. Eli, kun minulle esitetään kysymys tai pyydetään ratkaisemaan vakava ongelma, yritän vastata kysymykseen ja ratkaista ongelman syvästi myötäeläen ja johdonmukaisesti.

Ilmaistuaan vilpittömät kiitoksensa ja arvonantonsa, avuntarvitsija lähtee luotani minun seuratessani hänen poistumistaan hienoisen itsetyytyväisenä. Pian sen jälkeen havaitsen saman henkilön lähestyvän toista *swami*a (maailmasta luopunut, vihkimyksen saanut munkki) samoine kysymyksineen - selvä merkki siitä, ettei hän ollut tyytyväinen antamaani neuvoon. Hän siis kärsii yhä edelleen.

Lopulta hän tulee Amman luo. Amma vastaa kysymykseen samalla tavalla. Tarkoitan, että sanat, joskus jopa hänen käyttämänsä esimerkit ovat samanlaisia kuin minun esittämäni, mutta henkilössä tapahtuu yllättävän nopea muutos. Epäilyksen varjo, pelko ja suru ovat täysin poissa, ja hänen ilmeensä kirkastuu. Ero on suuri. Ajattelen aina: "Mistä tuo ero johtuu? Amma ei sano mitään uutta, mutta vaikutus on valtava."

Esimerkkinä seuraava tapahtuma: Amman jakoi lounasta. Eräs intialainen lääkäri, joka oli asunut Yhdysvalloissa viimeiset 25 vuotta, tuli luokseni sanoen: "Tapaan Amman nyt ensimmäistä kertaa. Haluaisin puhua ensin sinun tai jonkun toisen swamin kanssa."

Sitten nainen kertoi minulle hyvin koskettavan tarinan. Noin kaksi vuotta sitten hänen aviomiehensä lähti pyhiinvaellusmatkalle Kailasin vuorelle Himalajan vuoristoon. Siellä hän sai sydänkohtauksen ja kuoli välittömästi. Naisen kärsimys ja suru ei ollut hellittänyt. Hän sanoi: "Olen vihainen Jumalalle. Hän on armoton." Kuuntelin hänen kuvaustaan niin myötätuntoisesti kuin vain pystyin.

Puhuin hänelle ja yritin saada hänet vakuuttumaan kuoleman henkisestä puolesta ja kerroin hänelle useita Amman käyttämiä esimerkkejä.

Kaiken päätteeksi totesin vielä, että hänen miehensä oli todella onnekas hengittäessään viimeisen henkäyksensä *Shiva*n (eräs hindujumala) pyhässä olinpaikassa. "Hän sai suurenmoisen kuoleman", muistutin häntä.

Ennen lähtöään luotani nainen kiitteli ja sanoi lopuksi: "Kaikesta huolimatta tunnen yhä paljon tuskaa."

Seuraavana aamuna nainen tuli *darshan*iin (mestarin vastaanotto). Ennen kuin minulla oli tilaisuutta kuvailla Ammalle hänen tilannettaan, Amma katsoi häntä syvälle silmiin ja kysyi englanniksi: "Surullinen?"

Amma epäilemättä tunnisti hänen syvän surunsa. Kuvaillessani naisen tilannetta, Amma piteli häntä mitä hellimmin sylissään. Hetken päästä Amma kohotti lempeästi naisen päätä ja katsoi häntä syvälle silmiin sanoen: "Kuolema ei merkitse loppua, ei täydellistä häviämistä. Se on uuden elämän alku. Miehesi oli onnekas; Amma näkee hänet onnellisena ja levollisena. Älä siis ole surullinen."

Yhtäkkiä nainen lakkasi itkemästä. Syvä rauha kuvastui hänen kasvoillaan.

Näin hänet uudelleen samana iltana. Hän vaikutti erittäin helpottuneelta. Hän sanoi: "Olen nyt hyvin levollinen, Amma on todella siunannut minua. En tiedä miten hän pystyi niin nopeasti ottamaan kaiken suruni." Tämän muistaen kysyin myöhemmin: "Amma, miten sinun sanasi saavat aikaan niin suuren muutoksen? Miksi meidän puheemme ei saa aikaan samaa?"

"Koska sinä olet avioliitossa maailman kanssa ja erossa Jumalasta."

"Amma, mieli kaipaa lisää selityksiä. Olisitko hyvä ja kuvailisit hiukan yksityiskohtaisemmin?"

"Avioliitto maailman kanssa tarkoittaa 'mieleen samastumista', josta seuraa tarrautuminen maailmaan ja sen monenkirjaviin kohteisiin. Se pitää sinut erillään eli erossa sisäisestä jumalluonnostasi.

Silloin olet hypnoosissa. Vapauttaessamme itsemme mielen hypnoosista, tapahtuu sisäinen avioero. Tuossa tilassa voit edelleenkin toimia maailmassa, mutta sisäinen avioliittosi eli liitto jumaluuden kanssa auttaa sinua näkemään muuttuvan maailman valheellisen luonteen. Näin ollen maailma ei vaikuta sinuun, et takerru siihen. Maailma ja sen kohteet eivät enää hypnotisoi sinua. Tämä on todellisuudessa Itsen oivaltamisen tila. Oivallat silloin, että tuollaisessa suhteessa eli ollessasi avioliitossa maailman kanssa, mikään ei ole totta. Totuuden saavutat yhtyessäsi jälleen jumaluuteen ja pysyessäsi siinä avioliitossa ikuisesti. Vrindavanin *Gopit* (karjanomistajien vaimot) pitivät itseään *Krishna*n vaimoina. He olivat sisimmässään sitoutuneet avioliittoon hänen kanssaan, jumaluuden kanssa ja avioeroon maailmasta."

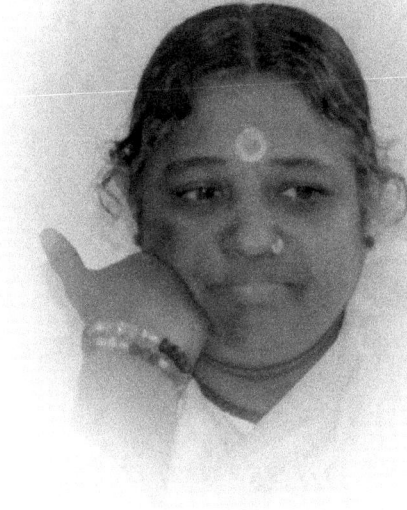

Tiedemiehet & pyhimykset

A mman vastaus oppilaalle, joka kysyi Jumalan kieltäjistä.

Amma: Uskomme tiedemiehiin, kun kyseessä on Kuu ja Mars, eikö niin? Miten moni voi todistaa heidän puheensa todeksi? Siitä huolimatta, uskomme tiedemiesten ja tähtitieteilijöiden sanoihin, emmekö uskokin? Myös entisaikojen pyhimykset ja tietäjät tekivät vuosikausia kestäviä kokeita sisäisessä tutkijankammiossaan. He oivalsivat korkeimman totuuden kaikkeuden ylläpitäjänä. Kuten luotamme tiedemiesten lausuntoihin meille tuntemattomista asioista, meidän tulisi luottaa suurten mestareiden sanaan, mestareiden, jotka puhuvat siitä totuudesta, jossa he ovat pysyvästi.

Miten päästä ajatusten tuolle puolen?

Kysyjä: Amma, vaikuttaa siltä, kuin ajatukset olisivat loputtomia. Mitä enemmän meditoin, sitä enemmän tulee ajatuksia. Miksi näin? Miten ajatukset voi pyyhkiä pois ja päästä niiden tuolle puolen?

Amma: Ajatukset ovat mielen rakentajia ja ne ovat elottomia. Niiden voima tulee *Atman*ista (Itse). Ne ovat omia luomuksiamme. Teemme niistä todellisia olemalla yhteistyössä niiden kanssa. Jos lopetamme yhteistyön, ne katoavat. Seuraa ajatuksiasi tarkasti liimaamatta niihin nimilappua. Silloin huomaat niiden vähitellen katoavan.

Mieli on kautta aikojen kasvattanut ajatuksia ja haluja – niissä erilaissa kehoissa, joihin olet syntynyt. Nuo tuntemukset ovat sinussa syvälle hautautuneena. Mielesi pinnalla havaitsemasi tai kokemasi, on vain pieni osa sisimmässäsi uinuvista piilevistä kerroksista. Yrittäessäsi meditoimalla vaientaa mielesi, nuo ajatukset kumpuavat vähä vähältä esiin. Tilannetta voi verrata kauan pesemättä jääneeseen lattiaan. Aloittaessamme puhdistustyön, likaa tulee esiin sitä enemmän, mitä enemmän pesemme, koska vuosien varrella lattiaan on kertynyt paksu likakerros.

Mieli on samanlainen. Emme ole koskaan ennen kiinnittäneet huomiota mielemme läpi virtaaviin monenlaisiin ajatuksiin. Lattiassa olevan lian lailla, mieleen on hyvin kauan kertynyt ajatuksia, haluja ja tunteita. Tiedostamme vain esiin tulevat. Syvällä pinnan alla on kuitenkin lukemattomia ajatus- ja tunnekerroksia. Kuten lika tulee esiin lattiaa puhdistettaessa, ajatuksia tulee esiin meditoinnin syvetessä. Jatka puhdistamista ja ne katoavat.

Niiden esiin nouseminen on itse asiassa hyödyllistä. Havaitessasi ja tunnistaessasi ne, poistaminen on helpompaa. Älä menetä kärsivällisyyttäsi. Ole sinnikäs, jatka *sadhana*a (henkiset harjoitukset). Saavutat ajan mittaan voimaa niiden kukistamiseen.

Väkivalta, sota & ratkaisu

Kysyjä: Mitä ihmiset voivat tehdä sodan ja kärsimyksen lopettamiseksi?

Amma: Olemalla myötätuntoisempia ja ymmärtäväisempiä.

Kysyjä: Ehkä se ei ratkaise ongelmaa välittömästi.

Amma: Välitöntä, nopeaa ratkaisua on lähes mahdotonta löytää. Määräaikaan sidottukaan ohjelma tuskin toimii.

Kysyjä: Tuo ei ole sitä, mitä maailman rauhaa rakastavat ihmiset haluavat. He haluavat ratkaisun välittömästi.

Amma: Sepä hyvä. Annettakoon tuon välittömän ratkaisun löytämisinnon kasvaa, kunnes se syttyy palavaksi kaipuuksi. Vain tuo palava kaipuu voi synnyttää välittömästi tehoavan ratkaisun.

Kysyjä: Monet henkisesti suuntautuneet ihmiset ajattelevat, että väkivalta tai ulkoinen sota on vain sisäisen väkivallan ilmausta. Mitä siitä arvelet?

Amma: Se on totta. Tulisi kuitenkin ymmärtää se, että kuten väkivalta kuuluu ihmismieleen, niin myös rauha ja onnellisuus kuuluvat ehdottomasti tuohon samaan mieleen. Jos ihmiset todella haluavat, he voivat löytää sisäisen ja ulkoisen rauhan. Miksi ihmiset ovat keskittyneet enemmän mielen hyökkäävään ja tuhoavaan puoleen? Miksi he ovat niin välinpitämättömiä saman mielen kyvystä saavuttaa äärettömän myötätunnon ja luovuuden korkeuksia?

Viime kädessä kaikki sodat ovat vain mielen tarvetta ilmaista sisäistä väkivaltaisuuttaan. Mielellä on alkukantainen, kehittymätön tai vajavaisesti kehittynyt puoli. Sota on tuon alkukantaisen puolen ilmausta. Mielen taipumus lietsoa sotaa on yksinkertaisesti todiste siitä, ettemme ole vielä kasvaneet eroon mielen alkukantaisuudesta. Ellei siitä vapauduta, sota ja selkkaukset tulevat jatkumaan yhteiskunnassa. Pyrittäessä ratkaisemaan sodan ja väkivallan ongelmaa, on tehokkainta ja luonnollisinta pyrkiä etsimään oikea menetelmä, miten kasvaa irti mielen tästä taipumuksesta.

Kysyjä: Onko tuo menetelmä henkisyys?

Amma: Kyllä. Se on henkisyys – ajattelumme muuttaminen ja kasvaminen eroon mielemme rajoituksista ja heikkouksista.

Kysyjä: Oletatko, että kaikkien uskontojen ihmiset hyväksyvät sen?

Amma: Hyväksyvät tai eivät, se on silti totuus. Vasta silloin, kun uskontojen johtajat alkavat levittää tietoa oman uskontonsa henkisistä lähtökohdista, tilanne tulee muuttumaan.

Kysyjä: Amma, oletatko, että henkisyys on kaikkien uskontojen lähde?

Amma: Amma ei vain oleta, vaan se on Amman vakaa usko. Se on totuus. Uskontoa ja sen ydinolemusta ei ole ymmärretty oikein. Sitä on päinvastoin tulkittu aivan väärin. Jokaisella maailman uskonnolla on kaksi puolta, ulkoinen ja sisäinen. Ulkoinen on ajatuksille rakentuva eli älyllinen; sisäinen on sen henkinen puoli. Voimakas takertuminen uskonnon ulkoiseen puoleen johdattaa harhaan. Uskonnot ovat suunnannäyttäjiä, jotka osoittavat määränpäätä kohden. Henkinen oivaltaminen on tuo päämäärä. Sen saavuttamiseksi on vapauduttava suunnannäyttäjinä toimivista sanoista.

Esimerkiksi jokea ylitettäessä on käytettävä venettä. Saavuttuasi sen toiselle puolen, on noustava veneestä ja lähdettävä eteenpäin. Jos alat jääräpäisesti inttää: "Rakastan tätä venettä niin paljon, että en halua lähteä siitä, jään tähän.", silloin et pääse toiselle rannalle. Uskonto on tuo vene. Käytä sitä maailmasta luotujen väärien käsitysten ja virheellisten näkemysten valtameren ylittämiseen. Ymmärtämättä ja harjoittelematta tätä, todellinen rauha ei sarasta sen paremmin ulkoisesti kuin sisäisestikään.

Uskonto on kuin aita, joka suojelee tainta eläimiltä. Kun taimi on kasvanut puuksi, aitaa ei tarvita. Joten voidaan sanoa, että uskonto on kuin aita, ja oivaltaminen on kuin puu.

Joku osoittaa sormella puussa olevaa hedelmää. Katsot sormen osoittamaan suuntaan. Ellet seuraa sen suuntaa, et löydä hedelmää. Nykymaailmassa, on sitten kysymys mistä uskonnosta tahansa, ihmiset ovat kadottaneet näköpiiristään hedelmän. He ovat juuttuneet jopa pakkomielteisesti sormiin ts. oman uskontonsa sanoihin ja ulkoisiin näkökohtiin.

Kysyjä: Ajatteletko, että tätä ei ole tiedostettu riittävästi?

Amma: Tämän tietoisuuden herättämiseksi tehdään paljon työtä, mutta pimeys on niin täydellistä, että meidän on havahduttava työskentelemään vielä tehokkaammin. On tietysti yksilöitä ja organisaatioita, jotka ovat mukana tämän tietoisuuden herättämisessä. Päämäärää ei kuitenkaan saavuteta vain konferensseja järjestämällä ja rauhasta puhumalla. Todellinen tietoisuus avautuu vain meditatiivista elämää harjoittamalla. Silloin rauha viriää sisimmässä. Kaikkien organisaatioiden ja yksittäisten ihmisten, jotka ovat aktiivisesti sodatonta rauhan maailmaa luomassa, tulisi korostaa tätä seikkaa. Rauha ei ole älyllisen harjoituksen tuote. Se on tunne tai pikemminkin kukka, joka puhkeaa sisimmässämme silloin, kun ohjaamme energiamme asianmukaisiin kanaviin. Tämä tapahtuu meditoimalla.

Kysyjä: Miten kuvailisit maailman tämänhetkistä tilaa?

Amma: Äidin kohdussa ihmisen sikiö on aluksi kalan muotoinen. Lopuksi se näyttää melkein apinalta. Vaikka väitämme olevamme sivistyneitä ihmisiä ja ottaneemme pitkiä harppauksia tieteen alueella, monet tekomme kuitenkin osoittavat, että sisäisesti olemme vasta sikiöasteen viimeisessä vaiheessa.

Amma arvelisi kuitenkin ihmisen mielen olevan hyvin paljon kehittyneempi, kuin apinan. Apina voi vain hyppiä oksalta oksalle, puusta toiseen, mutta ihmisen apinamieli kykenee ottamaan paljon suurempia loikkia. Se voi loikata täältä minne tahansa, kuuhun tai Himalajan huipulle tai tästä hetkestä menneeseen ja tulevaan.

Vain henkiseen näkemykseen perustuva sisäinen muutos tuo rauhan ja lopettaa kärsimyksen. Useimmat ihmiset ovat asenteiltaan härkäpäisiä. Heidän mottonsa on: "Vain jos sinä muutut, muutun minäkin." Se ei auta ketään. Muutu sinä ensin, niin toinenkin muuttuu kuin itsestään

Kristus & kristillisyys

Kysymys: Olen ollut syntymästäni kristitty. Rakastan Kristusta, mutta rakastan myös Ammaa. Sinä olet minun *guruni* (mestari). Ongelmani on, että kaksi poikaani, kirkon ja Jeesuksen innokkaita kannattajia, eivät usko mihinkään muuhun. He toistavat jatkuvasti: "Äiti, olemme surullisia, koska emme tule näkemään sinua taivaassa. Sinä joudut helvettiin, koska et seuraa Kristusta." Yritän keskustella heidän kanssaan, mutta he eivät kuuntele. Amma, mitä minun pitäisi tehdä?

Amma: Amma ymmärtää heidän uskoaan Kristukseen. Amma todella arvostaa ja kunnioittaa vilpittömästi ihmisiä, joilla on syvä luottamus omaa uskontoaan ja henkilökohtaista Jumalaansa kohtaan. Silti on täysin väärin ja mieletöntä sanoa, että kaikki ne, jotka eivät usko Kristukseen, joutuvat helvettiin. Kun Kristus sanoi: "Rakasta lähimmäistäsi, niin kuin rakastat itseäsi", hän ei tarkoittanut: "Rakasta vain kristittyjä." Väite, että "kaikki muut kuin kristityt joutuvat helvettiin", johtuu täydellisestä, rakkauden puutteen synnyttämästä muiden hyljeksimisestä. Se on valhe. Valehteleminen on Jumalan vastaista. Jumaluus tai jumalallisuus on totuudellisuutta, koska Jumala on totuus. Jumala on toisista välittämistä ja rakastamista.

Väitettäessä, että "te kaikki joudutte helvettiin, koska ette seuraa Kristusta", osoitetaan täydellistä kunnioituksen ja myötätunnon puutetta koko muuta ihmiskuntaa kohtaan. Miten ylimielistä ja julmaa onkaan väittää sellaista, että kaikki suuret pyhimykset, tietäjät ja suunnaton määrä ihmisiä, jotka elivät ennen Kristusta, ovat joutuneet helvettiin. Väittävätkö nämä ihmiset, että kokemukset Jumalasta ovat vain 2000 vuotta vanhoja vai tarkoittavatko he myös Jumalan olevan, vain 2000 vuotta vanha? Sellainen on itsensä Jumalan luonnon vastaista. Hän on kaikkialla läsnä oleva, ajan ja paikan tuolla puolen. Jeesus oli ihmiskehossa oleva Jumalan ilmentymä. Ammalla ei taatusti ole mitään vaikeutta hyväksyä sitä. Mutta tämä ei tarkoita, etteivät kaikki suuret *inkarnaatiot* (jumalallinen henkilöitymä) ennen häntä tai hänen jälkeensä olisi *avataaroja* (Jumalan laskeutuminen ihmiskehoon), ja että eivät kykenisi pelastamaan heihin uskovia.

Eikö Kristus sanonut: "Taivasten valtakunta on sisimmässämme." Tämä on erittäin suoraan ja mutkattomasti sanottu. Mitä se tarkoittaa? Se tarkoittaa; Jumala on sinussa. Jos taivas on meissä, meidän sisässämme on myös helvetti, eli mielemme. Mieli on erittäin tehokas työväline. Voimme käyttää sitä luomaan sekä helvetin että taivaan.

Kaikki *Mahatmat*, (Suuri Sielu) Kristus mukaan lukien, korostavat rakkauden ja myötätunnon tärkeyttä. Tosiasiassa rakkaus ja myötätunto ovat kaikkien todellisten uskontojen varsinainen alkulähde. Nämä jumalalliset ominaisuudet muodostavat kaikkien todellisten uskontojen ytimen. Ellemme hyväksy, että puhdas tietoisuus on kaiken perusta, emme kykene rakastamaan ja kokemaan myötätuntoa muita kohtaan. Kun sanomme: "Rakastan sinua vain, jos olet kristitty", on kuin toteaisimme, "vain kristityillä on tietoisuus, kaikki muut ovat elottomia esineitä." Kieltämällä tietoisuuden, kiellämme rakkauden ja totuuden.

Tyttäreni, mitä tulee sinua vaivaavaan tilanteeseen, Amma olettaa, ettei lastesi ajattelutapaa ole helppo muuttaa; eikä se ole välttämätöntäkään. Antaa heidän olla uskossaan. Kuuntele sydäntäsi ja jatka hiljaa oikeaksi tuntemallasi tavalla. Ensiarvoista on vain se, mitä tunnet syvällä sydämessäsi.

Oletpa kunnon kristitty, hindu, buddhalainen, juutalainen tai muslimi, älä koskaan menetä arvostelukykyäsi ryhtymällä kiihkoilemaan uskontosi nimissä.

Vihkimys Kristus mantraan

N uori kristitty mies pyysi Ammalta *mantra*a (pyhä sana tai kaava). Amma kysyi häneltä: "Kuka on rakastamasi jumaluus?"

"Amma, se riippuu sinusta. Minkä tahansa jumaluuden valitset, toistan sitä mantraa" hän sanoi.

Amma vastasi: "Ei. Amma tietää, että sinä olet syntynyt ja kasvanut kristittynä, joten tuo *samskara* (tästä ja edellisestä elämästä peritty myötäsyntyinen ominaisuus) on juurtunut syvälle sinuun."

Hetken mietittyään, nuori mies sanoi: "Amma, jos haluat, että minä valitsen jumaluuden, ole ystävällinen ja vihi minut *Kali*mantraan (eräs hindujumala)."

Amma torjui lempeästi hänen pyyntönsä ja sanoi: "Katsohan, Amma tietää, että yrität miellyttää häntä. Ammalle ei ole merkitystä toistatko Kalimantraa vai Kristusmantraa. Ole rehellinen itsellesi ja avoin Ammaa kohtaan. Se tekee Amman erittäin onnelliseksi."

"Amma, minä resitoin *Mrityunjayamantra*a ja muita hindu rukouksia", hän yritti saada Amman vakuuttuneeksi.

Amma vastasi: "Saattaa olla totta, mutta sinun tulee kuitenkin toistaa Kristusmantraa, koska se on sinun hallitseva samskarasi. Jos toistat muita mantroja, sinun on pidemmän päälle vaikeaa pitää niistä kiinni. Sellainen synnyttää väistämättä ristiriitaisia ajatuksia "

Nuori mies oli peräänantamaton. Hän halusi joko Amman valitseman mantran tai vihkimyksen Kalimantraan. Lopulta Amma totesi: "Poikani, hyvä on, tee näin, istu hiljaa jonkin aikaa ja meditoi, sitten näemme mitä tapahtuu."

Hänen meditoituaan muutamia minuutteja, Amma kysyi: "Kerro nyt Ammalle, kuka on sinun rakastamasi jumaluus?" Nuori mies vain hymyili. Amma kysyi vielä: "Eikö hän olekin Kristus?" Poika vastasi: "Kyllä. Amma, olet oikeassa ja minä väärässä."

Amma sanoi hänelle: "Amma ei näe eroa Kristuksen, Krishnan ja Kalin välillä. Vaikka et ole siitä tietoinen, tunnet eron alitajunnassasi. Amma halusi, että oivallat ja hyväksyt sen. Siksi hän pyysi sinua meditoimaan."

Nuori mies oli onnellinen Amman vihkiessä hänet Kristusmantraan.

Harhautuneet etsijät
& ulospääsy

Kysyjä: Amma, on ihmisiä, jotka ovat tehneet henkisiä harjoituksia hyvin keskittyneesti jo pitkään. He kuitenkin pettävät itseään pahasti. Jotkut jopa väittävät päässeensä perille. Miten voimme auttaa tuollaisia ihmisiä?

Amma: Miten kukaan voi auttaa, jos ihminen itse ei oivalla tarvitsevansa apua? Vapautuakseen harhan pimeydestä täytyy ensin ymmärtää olevansa pimeydessä. Tämä on monimutkainen mielentila. Nämä lapset ovat juuttuneet siihen ja heidän on vaikeaa hyväksyä totuus. Jos nämä lapset olisivat täysin vapaita kaikista egon muodoista, miten he voisivat väittää sellaista.

Kysyjä: Mikä ajaa heitä tähän harhaiseen mielentilaan?

Amma: Heidän harhaiset käsityksensä henkisyydestä ja Itsen tutkiskelusta.

Kysyjä: Voiko heidät pelastaa?

Amma: Vain, jos he haluavat tulla pelastetuiksi.

Kysyjä: Voiko Jumalan armo pelastaa heitä?

Amma: Tietysti, mutta ovatko he kyllin avoimia kyetäkseen ottamaan vastaan tuon armon?

Kysyjä: Armoon ja myötätuntoon ei sisälly mitään ehtoja. Avoimuus on vaatimus, eikö totta?

Amma: Avoimuus ei ole vaatimus. Se on tarve, yhtä välttämätön kuin syöminen ja nukkumien.

Todellinen mestari auttaa matkan loppuun saattamisessa

Kysyjä: Joidenkin mielestä Gurun (mestari) opastus ei ole välttämätöntä Jumalan oivaltamiseksi. Amma, mitä siitä ajattelet?

Amma: Fyysisesti sokea henkilö näkee kaikkialla pimeää, siksi hän etsii apua. Mutta henkisesti sokeat eivät edes ymmärrä olevansa sokeita. Vieläpä oman sokeutensa tajuttuaan, he eivät kuitenkaan hyväksy sitä. Siksi heidän on vaikeaa etsiä ohjausta.

Ihmisillä on erilaisia mielipiteitä ja vapaus ilmaista niitä. Älyllisesti terävimmät kykenevät todistamaan monia asioita oikeiksi tai vääriksi. Heidän väitteensä eivät välttämättä kuitenkaan ole totta. Mitä älykkäämpi olet, sitä omahyväisempi olet. Sellainen ihminen ei antaudu helposti. Jumalaa ei voi kokea, ellei luovu egosta. Erittäin voimakkaasti egoonsa kiintyneet löytävät kaikenlaisia oikeutuksia itsekkäille teoilleen. Jos joku väittää, ettei Gurun opastus ole välttämätön matkalla Jumalaan, Amma kokee, että sellainen ihminen pelkää luopua egostaan. Tai ehkä he itse tuntevat pakottavaa tarvetta olla Guru.

Vaikka meidän todellinen luontomme on jumalallinen, olemme niin kauan samastuneet nimien ja muotojen maailmaan, että uskomme niiden olevan totta. Meidän on nyt välttämättä luovuttava samastumisestamme niihin.

Vilpittömästä sydämestä annettu lahja

E räs pikkutyttö tuli darshaniin ja antoi Ammalle kauniin
kukan. Hän sanoi: "Amma, tämä on meidän kodin puutar-
hasta."

Amma vastasi: "Ihanko totta? Se on kaunis." Ottaessaan kukan
tyttöseltä Amma nöyrästi kosketti kukalla päätään kuin kumartaen
sille. "

Poimitko sen ihan itse?" Amma kysyi. Tyttö nyökkäsi.

Tytön äiti kuvaili, miten tytär oli ollut innoissaan, hänen
mainittuaan tälle suunnitelmasta lähteä tapaamaan Ammaa. Tyttö
oli välittömästi juossut puutarhaan ja palannut kukka mukanaan.
Kukassa oli vielä ollut joitakin kastepisaroita jäljellä. Näyttäessään
kukkaa äidille, tyttö oli sanonut: "Äiti, tämä kukka on yhtä kaunis
kuin Amma."

Tyttö istui Amman sylissä. Yhtäkkiä hän syleili Ammaa lujasti,
antoi suukon molemmille poskille ja sanoi: "Rakastan sinua hyvin
paljon, Amma." Antaen useita suukkoja takaisin, Amma vastasi:
"Lapseni, Amma myös rakastaa sinua hyvin paljon."

Katsellessaan pikkutytön iloista tanssia äitinsä vierellä heidän
palatessaan paikoilleen, Amma sanoi: "Viattomuus on niin kaunista
ja sydäntä koskettavaa."

Kuuma linja Jumalalle

Eräässä Amman tilaisuudessa, kysymys ja vastaustuokion yhteydessä, joku sanoi huolestuneella äänellä: "Amma, monet tuhannet ihmiset rukoilevat sinua, mutta kun minä pyydän apua, vaikuttaa siltä kuin melkein kaikki linjat olisi varattu. Mitä ehdottaisit minulle?

Kuullessaan kysymyksen Amma nauroi sydämellisesti ja vastasi: "Älä ole huolissasi poikani, sinulla on suora linja." Amman vastaus nostatti naurun remahduksen. Amma jatkoi: " Itse asiassa, jokaisella on kuuma linja Jumalalle. Linjan laatu riippuu kuitenkin sinun rukouksesi palosta."

Kuin virtaava joki

Kysyjä: Amma, sinä teet päivästä päivään ja vuodesta toiseen samaa työtä. Etkö kyllästy jatkuvaan ihmisten halaamiseen?

Amma: Jos joki kyllästyy virtaamaan, jos aurinko kyllästyy loistamaan, jos tuuli kyllästyy puhaltamaan, siinä tapauksessa myös Amma kyllästyy.

Kysyjä: Amma, missä tahansa oletkin, ympärilläsi on aina ihmisiä. Etkö joskus tunne tarvetta olla yksin ja vapaa?

Amma: Amma on aina yksin ja vapaa.

Vediset äänet & mantrat

Kysyjä: Entisaikojen *rishi*t (tietäjä) tunnetaan *mantra* (pyhä sana tai kaava) *drishtoina* (mantrojen näkijät). Tarkoittaako tämä sitä, että he ovat nähneet puhtaita ääniä ja mantroja?

Amma: "Nähdä" tarkoittaa "noussut sisimmästä" tai kokemista. Mantrat voidaan kokea vain sisäisesti. *Vedi*set (hindulainen ei-kaksinaisuutta käsitelevä henkinen filosofia) äänet ja mantrat olivat jo olemassa maailmankaikkeudessa. Mitä tiedemiehet itse asiassa tekevät, kun he keksivät jotain? He paljastavat kauan piilossa olleen tosiseikan. Sitä ei voi kutsua uudeksi keksinnöksi. He vain paljastavat sen.

Ainoa ero tieteellisillä keksinnöillä ja mantroilla on niiden värähtelytasojen ero. Ankarilla itsekuriharjoituksilla rishit puhdistivat sisäiset työvälineensä selkeiksi ja täydellisen puhtaiksi. Seurauksena oli kosmisten äänten paljastuminen heidän sisimmässään. Tiedämme miten kuvat ja äänet kulkeutuvat ilmakehässä radio- tai TV-asemilta värähtelyjen muodossa. Niitä on koko ajan ilmakehässä. Jotta kuulisimme ja havaitsisimme ne, meidän on viritettävä välineemme eli radio- tai TV-vastaanottimet. Silloin, kun mieli on selkeä ja puhdas, se pystyy aivan samoin vastaanottamaan jumalalliset soinnut. Fyysisillä aisteilla niitä ei voi havaita. Vain kolmatta silmää eli sisäistä silmää kehittämällä nämä äänet on mahdollista kokea.

On sitten kyseessä mikä tahansa ääni, opettele eläytymään siihen niin syvästi kuin mahdollista. Tärkeintä on ääneen eläytyminen, ei vain äänen kuuleminen. Eläydy rukoukseesi, eläydy mantraasi ja saat sisäisen kosketuksen Jumalaan.

Kysyjä: Onko mantroilla jotakin merkitystä?

Amma: Ei sillä tavalla, kuin ajattelet tai oletat. Mantrat ovat puhtain muoto kosmista värähtelyä eli *shaktia* (jumalallinen energia), jonka ainutlaatuisuuden rishit kokivat syvässä meditaatiossa. He kokivat, että mantra on maailmankaikkeuden voiman siemen. Siksi niitä nimitetään *bijaksharoiksi* (siemen kirjaimiksi). Näin koettuaan, he välittivät nämä puhtaat äänet ihmiskunnalle. Kokemuksen pukeminen sanoiksi, varsinkin kaikkein syvällisimmän kokemuksen, on hyvin vaikeata. Myötätunnosta maailmaa kohtaan rishit halusivat välittää meidän käyttöömme sanojen muodossa sen, mitä olivat kuulleet, sanojen, jotka mahdollisimman tarkoin vastasivat noita maailmankaikkeuden sointuja. Tosiasia kuitenkin on, että mantran koko rikkauden ja synnyn, voit kokea vasta, kun mielesi on saavuttanut täydellisen puhtauden.

Silti jotain puuttuu

Kysyjä: Amma, hyvin monet ihmiset sanovat, että kaikesta yltäkylläisyydestä huolimatta, heidän elämästään puuttuu silti jotain. Miksi heillä on sellainen tunne?

Amma: Elämä tarjoaa ihmisille monia kokemuksia ja erilaisia tilanteita, johtuen heidän menneestä *karma*staan (teko) ja tavastaan toimia ja elää nykyhetkessä. Oletpa kuka tahansa tai saavutatpa sitten mitä tahansa huippuja aineellisen elämän alueella, vain ajatellessasi ja eläessäsi *dharma*n (oikeamielisyys ja velvollisuus) mukaan, voit saavuttaa eheyden ja onnentunteen elämässäsi. Jos vaurautta ei käytetä ja haluja suunnata perimmäisen dharman edellyttämällä tavalla eli *moksha*n (vapautus) saavuttamiseksi, et saa koskaan mielenrauhaa. Sinua vaivaa jatkuvasti tunne "minulta puuttuu jotain." Tuo jokin, mikä sinulta puuttuu, on mielenrauha, täyttymyksen tunne ja tyytyväisyys; ja tämä todellisen onnen puuttuminen luo tyhjyyden, jota on mahdotonta täyttää lellimällä mielitekoja tai toteuttamalla aineellisia haluja.

Kaikkialla ihmiset luulevat voivansa täyttää tuon aukon halujaan tyydyttämällä. Itse asiassa tuo aukko pysyy, jopa suurenee, heidän lakkaamatta juostessaan vain aineellista hyvää tavoittelemassa.

Dharma ja moksha ovat toinen toisistaan riippuvaisia. Ihminen, joka elää dharman periaatteita noudattamalla, saavuttaa mokshan, ja hän, joka haluaa saavuttaa mokshan, pyrkii aina elämään dharman mukaisesti.

Rahasta ja vauraudesta voi koitua suuria esteitä, jos niitä ei käytetä asiaankuuluvasti, viisaasti. Niistä tulee vastus henkistä kehitystä haluaville. Mitä enemmän rahaa, sitä todennäköisemmin kehosi on sinulle pakkomielle. Mitä voimakkaammin samastut kehoosi, sitä itsekeskeisempi olet. Raha ei ole ongelma, vaan ongelma on järjetön riippuvuus rahasta.

Maailma ja Jumala

Kysyjä: Mikä on maailman ja Jumalan, sekä onnen ja surun välinen yhteys?

Amma: Itse asiassa maailma on tarpeen, jotta voit tunnistaa Jumalan ja kokea todellisen onnen. Opettaja kirjoittaa valkoisella liidulla luokkahuoneen tummalle taululle. Tumma tausta on vastakohta valkoisille kirjaimille. Samalla tavalla maailma toimii meille taustana, jotta voimme tunnistaa oman puhtautemme ja tiedostaa todellisen luontomme, joka on ikuinen onnentila.

Kysyjä: Amma, onko totta, että vain ihmiset ovat onnettomia tai tyytymättömiä, mutta eläimet eivät?

Amma: Asia ei ole aivan niin. Myös eläimet ovat surullisia ja tyytymättömiä. Ne kokevat surua, vihaa, rakkautta ja muita tunteita. Ne eivät kuitenkaan tunne yhtä syvällisesti kuin ihmiset. Ihmiset ovat kehittyneempiä, joten tunteet ovat hyvin paljon syvempiä.

Itse asiassa, syvät surun tunteet viittaavat mahdollisuuteen siirtyä toiseen äärimmäisyyteen, autuuteen. Tuosta syvän surun ja kärsimyksen tunteesta kykenemme keräämään riittävästi voimaa siirtyäksemme Itsen tutkistelun polulle. Kyse on *shakti*mme (jumalallinen energia) viisaammasta kanavoimisesta.

Kysyjä: Amma, miten voimme käyttää shaktiamme viisaammin?

Amma: Vain syvällisempi ymmärtäminen auttaa meitä toteuttamaan sen. Olettakaamme, että osallistumme hautajaistilaisuuteen tai vierailemme sairaan, täysin vuoteenomana olevan vanhuksen luona. Tuollaiset tilanteet synnyttävät meissä surua. Kotiin palattumme ja ryhdyttyämme hoitamaan tehtäviämme, unohdamme hautajaiset ja sairaan vanhuksen ja jatkamme eteenpäin. Näkemämme ei ole koskettanut sydäntämme aivan sisintä myöten, ts. kokemus ei ole yltänyt syvälle. Mutta jos voit perusteellisesti mietiskellä tuollaisia kokemuksia ajatellen: "Sama voi tapahtuu itsellenikin, enemmin tai myöhemmin. Minun on päästävä perille noiden kaikkien surujen aiheuttajasta ja valmistauduttava, ennen kuin on liian myöhäistä", se muuttaisi elämääsi vähitellen ja ohjaisi sinua kaikkeuden syvimpiin salaisuuksiin. Jos olet tosissasi ja vilpitön, löydät vähitellen autuuden lähteen.

Amman puhuessa äitinsä sylissä istuva lapsi alkoi yhtäkkiä itkeä. "Pikkuinen…pikkuinen…pikkuinen", Amma kutsui ja kysyi sitten syytä lapsen itkuun. Näyttäessään kädessään olevaa tuttia lapsen äiti sanoi: "Hän kadotti tämän." Kaikki nauroivat. Sitten äiti laittoi tutin takaisin lapsen suuhun ja itku lakkasi.

Amma: Pikkuinen kadotti onnen tunteensa. Se oli oivallinen havaintoesitys asiasta, jota yritimme äsken selvittää. Tutti on samanlainen illuusio kuin maailma. Lapsi ei saa tutista ravintoa ja kuitenkin se saa lapsen lopettamaan itkemisen. Voimme siten todeta, että sillä on niin sanoaksemme, oma merkityksensä. Aivan samoin maailmakaan ei todella ravitse sielua. Mutta, sillä on oma merkityksensä. Maailma muistuttaa meitä Luojasta eli Jumalasta.

Kysyjä: Sanotaan, että ennen kuin voi oivaltaa Itsen, on käytävä läpi äärimmäinen tuskan ja surun tila. Pitääkö tämä väittämä paikkansa?

Amma: Elämässä on kaikenlaista surua ja kärsimystä. Henkisyys ei kuitenkaan ole matka eteenpäin; se on matka taaksepäin – paluu olemassaolomme alkuperäiseen lähteeseen. Se merkitsee sitä, että meidän on läpikäytävä kaikki tähän mennessä karttuneet tunne- ja *vasana*kerrostumat (sisäinen taipumus). Siitä tuo kärsimys on peräisin, eikä siis mistään ulkopuolelta. Edetessämme noiden kerrostumien läpi avoimina, me itse asiassa ylitämme ne, pääsemme niiden tuolle puolen ja päädymme korkeimman autuuden ja rauhan olotilaan.

Pystyäksemme valloittamaan vuoren huipun, on aloitettava vuoren juurelta, alhaalta laaksosta, toisesta ääripäästä. Aivan samoin, ennen onnen huipun saavuttamista, on väistämättä koettava toinen ääritila eli suru

Kysyjä: Miksi se on väistämätöntä?

Amma: Suru ja kärsimys eivät pääty, niin kauan kuin samastumme egoon, niin kauan kuin koemme: "Minä olen Jumalasta erillään." Seisot nyt vuoren juurella. Ennen kuin voit aloittaa kiipeämisen, sinun on luovuttava laaksosta sekä kaikesta siellä omistamastasi. Et voi välttää kärsimystä niin kauan, kun teet sen vastahakoisesti, puolella sydämellä. Muuta kärsimystä ei ole olemassa. Luovuttuasi kaikista kiintymyksistäsi, kärsimys muuttuu syväksi kaipuuksi, kaipuuksi saavuttaa ikuisen ykseyden huiput. Todellinen kysymys siis kuuluu, miten moni voi irtautua täydellisesti kaikista kiintymyksistä?

Mies oli jonkin aikaa ajatuksissaan. Huomatessaan hänen vaiteliaisuutensa Amma taputti kevyesti hänen päätään ja sanoi: "Viritä egosi

rumpu niin, että se synnyttää miellyttäviä säveliä." Mies purskahti välittömästi nauramaan.

Amma: Amma on kuullut seuraavan tarinan. Oli kerran rikas mies, joka kadotti kaiken kiinnostuksensa maalliseen elämään. Hän halusi aloittaa uuden, rauhallisen ja levollisen elämän. Hänellä oli kaikkea, mitä rahalla voi saada, mutta kaikesta huolimatta, elämä tuntui hänestä täysin merkityksettömältä. Siksi hän päätti mennä pyytämään opastusta henkiseltä mestarilta. Ennen lähtöään, mies tuumi: "Mitä minä teen näillä rahoilla? Jospa annan kaiken mestarille ja unohdan asian. Kaipaan todellista onnea." Niin kävi, että rikas mies keräsi kaikki kultakolikkonsa säkkiin ja otti sen mukaansa.

Koko päivän kestäneen matkan jälkeen, mies löysi mestarin. Tämä istui puun alla, erään kylän laitamilla. Mies laittoi rahasäkin mestarin eteen ja kumartui maahan asti. Kun hän kohotti päätään, hän näki hämmästyksekseen mestarin pakenevan rahasäkki kainalossaan. *Gurun* (mestari) käyttäytymisestä täysin ällistynyt ja pelästynyt rikas mies syöksyi takaa-ajoon, niin vikkelästi, kuin jaloistaan pääsi. Mestari juoksi nopeammin; pitkin niittyjä, kukkuloita ylös ja alas, loikkien purojen ylitse, tallaten pensaita ja pyyhältäen pitkin kujia. Oli tulossa pimeää. Mestarin tuntiessa kylän kapeiden ja mutkaisten polkujen ja kujanteiden verkoston, rikkaan miehen oli hyvin vaikeaa pysytellä hänen kannoillaan.

Kaiken toivonsa menettäneenä, rikas mies palasi lopulta samaan paikkaan, missä oli alun perin mestarin tavannut. Siellä lojui hänen rahasäkkinsä ja puun takana piileskeli mestari. Rikkaan miehen tarttuessa ahnaasti kallisarvoiseen rahasäkkiinsä, mestari kurkisti puun takaa ja sanoi: "Kerro miltä sinusta nyt tuntuu?"

"Minä olen onnellinen, hyvin onnellinen, tämä on elämäni onnellisin hetki."

"Joten", sanoi Guru, "kokeakseen todellisen onnentunteen on ensin koettava toinen äärimmäisyys."

Lapseni, voit vaeltaa maailmassa, sen lukemattomia asioita tavoitellen. Et voi kokea todellista onnea, jos et palaa alkuperäiselle lähteelle, sinne mistä alun perin lähdit. Se on tämän tarinan toinen opetus.

Kysyjä: Amma, olen kuullut, että ellei täysin lakkaa etsimästä, ei voi löytää todellista onnea. Miten selität tämän?

Amma: "Kaiken etsimisen tulee loppua" tarkoittaa, että on lakattava etsimästä maallista onnea, sillä se, mitä etsit, on sinun sisimmässäsi. Lopeta maallisten kohteiden jäljessä juokseminen ja käänny katsomaan sisimpääsi; sieltä löydät etsimäsi.

Sinä olet sekä etsijä, että etsinnän kohde, olet molempia. Etsit jotain, joka sinulla jo on. Et löydä sitä ulkopuoleltasi. Kaikki pyrkimyksesi, löytää onni ulkopuoleltasi, päättyvät epäonnistumiseen ja turhautumiseen. Toimit kuin koira, joka juoksee häntäänsä tavoitellen.

Ääretöntä kärsivällisyyttä

E räs viidenkymmenen paremmalla puolella oleva mies on ollut vuodesta 1988 Amman New Yorkin ohjelmissa. En voi unohtaa häntä, koska hän on kerrasta toiseen tehnyt samat kysymykset. Melkein joka kerta olen sattunut olemaan hänen tulkkinsa. Vuodesta vuoteen mies on esittänyt seuraavat kolme kysymystä edes muotoilematta niitä uudestaan:

1. Voiko Amma antaa minulle Itsen oivalluksen heti?
2. Milloin pääsen naimisiin nätin tytön kanssa?
3. Miten voin hankkia rahaa nopeasti ja tulla rikkaaksi?

Nähdessäni hänen lähestyvän darshanjonossa (mestarin vastaanotto), huomautin leikillisesti: "Naarmuuntunut äänilevy on tulossa".

Amma vaistosi heti, ketä tarkoitin. Hän katsoi minua vakavana ja sanoi: "Henkisyys edellyttää osanottoa, toisten vaikeuksien ja kärsimysten ymmärtämistä. On pystyttävä, vähintäänkin älyllistä tasolla suhtautumaan kypsästi ongelmiensa kanssa kamppailevia ihmisiä kohtaan. Jos et ole kyllin kärsivällinen kuunnellaksesi heitä, et sovellu Amman tulkiksi."

Pyysin Ammalta vilpittömästi anteeksi ennakkoluuloista suhtautumistani ja sanojani. Epäilin silti, halusiko Amma kuulla hänen kysymyksensä 15. kerran.

"Otanko hänen kysymyksensä?", kysyin Ammalta.

"Tietenkin, miksi kysyt?"

Ne olivat samat kolme kysymystä. Minut täytti jälleen kerran kunnioitus ja ihmetys nähdessäni, miten Amma kuunteli ja neuvoi häntä, kuin olisi kuullut kysymykset ensimmäisen kerran.

Kysyjä: Amma, voitko antaa minulle Itsen oivalluksen heti?

123

Amma: Oletko meditoinut säännöllisesti?

Kysyjä: Toiveeni on tienata hyvin, teen työtä 50 tuntia viikossa. Meditoin, mutta en säännöllisesti.

Amma: Mitä se tarkoittaa?

Kysyjä: Työn jälkeen meditoin, jos jää aikaa.

Amma: Hyvä on. Entä *mantra*n (pyhä sana tai kaava) toistaminen? Teetkö sitä ohjeen mukaisesti, joka päivä?

Kysyjä: (hiukan epäröivästi) Kyllä. Toistan mantraani, mutta en joka päivä.

Amma: Mihin aikaan menet nukkumaan ja milloin nouset aamulla?

Kysyjä: Yleensä menen nukkumaan puolenyön aikoihin ja nousen ylös klo 7.00 aamulla.

Amma: Koska lähdet töihin?

Kysyjä: Työaikani toimistossa on 8.30 - 17.00. Ajomatka sinne kestää 35 - 40 minuuttia, jos ei ole ruuhkaa. Joten, lähden kotoani tavallisesti noin 7.35. Kun nousen ylös, minulla on riittävästi aikaa vain keittää kupillinen kahvia, paahtaa kaksi palaa leipää ja pukeutua. Aamiainen ja kahvimuki mukanani hyppään autoon ja lähden ajamaan.

Amma: Milloin palaat työstä kotiin?

Kysyjä: Hmm...17.30 tai 18.00.

Amma: Mitä teet kotiin palattuasi?

Kysyjä: Rentoudun puolisen tuntia ja valmistan aterian.

Amma: Kuinka monelle henkilölle?

Kysyjä: Vain itselleni. Olen yksin.

Amma: Miten kauan siihen kuluu aikaa?

Kysyjä: Arviolta 40 minuutista tuntiin.

Amma: Silloin kello on 19.30. Mitä teet ruokailun jälkeen? Katseletko TV:tä?

Kysyjä: Kyllä.

Amma: Miten kauan?

Kysyjä: (nauraen) Amma, sait minut ansaan. Katson telkkaria kunnes menen nukkumaan. Haluan myös tunnustaa toisen jutun sinulle...en sittenkään. Unohda se.

Amma: (taputtaen häntä selkään) Anna tulla, sano loppuun mitä aioit.

Kysyjä: Sen paljastaminen on liian hämmentävää.

Amma: Älä sitten paljasta.

Kysyjä: (hetken päästä). Ei ole syytä piilotella sitä sinulta. Luulen, että joka tapauksessa, tiedät sen. Miksi muuten loisit tämän tilanteen? Voi sentään, se on sellainen *liila* (jumalallinen kepponen). Amma, anna anteeksi, olen unohtanut gurun mantran. En edes löydä paperilappua, jolle sen kirjoitin.

Kuultuaan uutisen Amma purskahti nauruun

Kysyjä: (hämmentyneenä) Mitä? Miksi naurat?

Miehen istuessa huolestunut ilme kasvoillaan Amma nipisti häntä leikillisesti korvasta.

Amma: Senkin pikku petturi! Amma tiesi, että yritit piilotella jotain. Poikani, tiedätkö, Jumala on kaiken antaja. Amma ymmärtää vilpittömyytesi ja tiedonhalusi, mutta sinulla tulisi olla enemmän *shraddha*a (rakkaudellinen luottamus ja tarkkaavaisuus) ja kiinnostusta ja sinun pitäisi työskennellä lujasti, saavuttaaksesi Itsen oivalluksen.

Mantra on silta, joka yhdistää sinut Guruusi – rajallisen rajattomaan. Todelliselle oppilaalle *Guru*n (mestari) mantran toistaminen on kuin ravintoa. Osoita arvostusta mantraa kohtaan ja antaumusta Guruasi kohtaan, toistamalla mantraasi joka päivä. Jos et sitoudu siihen, Itsen oivaltaminen jää toteutumatta. Henkisyys ei ole sivutyö. Sen on oltava kokoaikatyö. Amma ei pyydä sinua sanomaan itseäsi irti ansiotyöstä tai tekemään sitä vähemmän. Sinulle työsi ja leipäsi ansaitseminen on vakava asia, eikö totta? Aivan samoin, Jumalan oivaltaminen on vakava asia. Kuten syömisen ja nukkumisen, myös henkisten harjoitusten tulee kuulua elämääsi sen erottamattomana osana.

Kysyjä: (kohteliaasti) Amma, hyväksyn sinun vastauksesi. Muistan sen ja ohjeitasi noudattamalla yritän saada asiat järjestykseen. Ole ystävällinen ja siunaa minut.

Mies oli hiljaa jonkin aikaa. Hän näytti miettivän.

Amma: Poikani... olet ollut aviossa kahdesti, etkö olekin?

Kysyjä: (yllättyneenä) Miten tiedät?

Amma: Poikani, tämä ei ole ensimmäinen kerta, kun kerrot nämä ongelmat Ammalle.

Kysyjä: Uskomaton muisti!

Amma: Miksi luulet, että seuraava avioliitto onnistuu?

Kysyjä: En tiedä.

Amma: Et tiedä? Vai etkö ole varma?

Kysyjä: En ole varma.

Amma: Suunnitteletko vakavasti uutta avioliittoa vaikka olet epävarma?

Mies oli hyvin häkeltynyt, mutta samalla huvittunut ja nauraessaan oli vähällä horjahtaa. Sitten hän suoristautui ja kädet yhteen liitettynä sanoi: "Amma, olet ylivertaisesti ylivoimaisin ja rakastettavin, kumarrun syvään edessäsi."

Veitikkamainen hymy kasvoillaan, Amma taputti leikkisästi miehen syvään kumarrukseen vaipunutta kaljua päälakea.

Ehdollistamaton rakkaus
& myötätunto

Kysyjä: Amma, miten kuvailet ehdollistamatonta rakkautta ja myötätuntoa?

Amma: Sitä ei voi täysin määritellä.

Kysyjä: No mitä se sitten on?

Amma: Se on avaraa, kuin taivas.

Kysyjä: Onko se sisäinen taivas?

Amma: Siinä ei ole sisä- eikä ulkopuolta.

Kysyjä: Mitä muuta?

Amma: Siinä on vain ykseyttä. Siksi sitä ei voi määritellä.

Helpoin tie

Kysyjä: Amma, on hyvin monia teitä, mikä niistä on helpoin?

Amma: Helpoin tie on pysytellä *Satguru*n (todellinen mestari) lähellä. Sitä voi verrata Concorde lentokoneella matkustamiseen. Satguru on kulkuväline, joka vie sinut kaikkein nopeimmin perille. Minkä tahansa polun seuraaminen ilman Satgurun apua, on verrattavissa, satoja kertoja pysähtyvässä paikallisbussissa matkustamiseen. Eteneminen on hidasta.

Valaistumisesta, antautumisesta & läsnä olevassa hetkessä elämisestä

Kysyjä: Onko mahdollista, että valaistuminen tapahtuu vain *sadhana*a (henkinen harjoitus) täysin keskittyneesti tekemällä, ilman mitään antautumista?

Amma: Kerro Ammalle, mitä tarkoitat täydellisellä sadhanaan keskittymisellä? Sadhanaan keskittyminen tarkoittaa, vilpittömästi ja rakkaudella tehtyjä tekoja. Siihen tarvitset, läsnä olevassa hetkessä olemista. Voidaksesi olla läsnä olevassa hetkessä sinun on luovuttava sekä menneestä, että tulevasta.

Voit kutsua sitä antautumiseksi, läsnäolon hetkeksi, tässä hetkessä elämiseksi, hetkestä hetkeen elämiseksi ja voit käyttää myös muitakin sanoja, kaikki merkitsevät samaa. Sanat ovat erilaisia, mutta sisimmässäsi tapahtuva on samaa. Jokaisen henkisen harjoituksen tarkoitus on, auttaa meitä oppimaan irti päästämisen ainutlaatuinen läksy. Todellinen meditointi ei ole menetelmä, vaan se on sydämen syvä kaipuu olla yhtä Itsen eli Jumalan kanssa. Mitä syvemmälle etenemme tuossa prosessissa, sitä enemmän ego pienenee ja sitä keveämmäksi tunnemme olomme. Joten huomaa, että sadhanan todellinen tarkoitus on poistaa asteittain "minä" ja "minun" tunnot. Tätä kehitystä kuvaillaan eri tavoin, erilaisia sanoja käyttäen; siinä kaikki.

Kysyjä: Kaikki aineelliset saavutukset ja menestyminen maailmassa riippuu lähinnä siitä, miten tarmokkaita ja päteviä olemme. Ellemme jatkuvasti kehitä mielen ja älyn taitoja, emme voi menestyä. Pieninkin heikkouden osoitus riittää ja sinut ohitetaan ja työnnetään takapenkkiin. Vaikuttaa siltä, että maallisessa ja henkisessä elämässä lähtökohdat ovat hyvin erilaiset.

Amma: Tyttäreni, kuten aivan oikein totesit, se vain *vaikuttaa* erilaiselta.

Kysyjä: Miten niin?

Amma: Koska siitä huolimatta kenestä on kyse, tai mitä hän tekee, ihmiset useimmiten elävät läsnä olevassa hetkessä, joskaan eivät ihan täysin. Heidän ajatellessaan tai tehdessään jotain, he ovat antautuneet tuolle hetkelle. Mikään ei muuten toimisi. Tarkkaile esimerkiksi puusepän työskentelyä. Kun hän käyttää työvälinettään, olisi olemassa vakavan onnettomuuden vaara, ellei hänen mielensä tuolloin ole keskittynyt läsnä olemiseen. Joten ihmiset todella elävät läsnä olevassa hetkessä. Ainoa ero on siinä, että useimmat ihmiset ovat vain hieman tiedostavia, jotkut eivät lainkaan, joten he ovat läsnä vain osittain ja eräät eivät ollenkaan. Henkinen tiede opettaa olemaan läsnä kokonaisvaltaisesti, riippumatta ajasta tai paikasta. Ihmiset ovat joko älyn tai mielen tasolla – eivät koskaan sydämessä.

Kysyjä: Mutta eikö täydellinen läsnäolo vaadi egosta vapautumista?

Amma: Kyllä. Mutta egosta vapautuminen ei tarkoita sitä, että sinusta tulisi toimintakyvytön tai hyödytön, päinvastoin; silloinhan kohotaan kaikkien heikkouksien tuolle puolen. Muutut täysin ja sisäiset voimavarasi tulevat esiin täysillä. Täydellisenä ihmisenä sinulla on valmiudet palvella maailmaa, etkä näe enää kerrassaan mitään erilaisuuksia.

Kysyjä: Amma, tarkoitatko, ettei antautumisen ja läsnäolon välillä ole pohjimmiltaan mitään eroa?

Amma: Kyllä, ne ovat yhtä ja samaa.

Japa mala & langaton puhelin

Kävellessään lastensa kanssa ohjelmapaikan hallia kohden, Amma huomasi erään *brahmachari*n (selibaatissa elävä mestarin oppilas) vetäytyvän sivummalle, vastaamaan puhelimeen.

Brahmacharin lopetettua puhelinkeskustelun ja hänen liityttyään uudestaan ryhmään, Amma huomautti: "Henkisellä etsijällä on hyvä olla käytössään langaton puhelin, koska hänellä on paljon tärkeitä tehtäviä, kuten esim. vastuu eri puolilla maata järjestettävistä Amman tilaisuuksista. jonka takia hänen on mm. pidettävä yhteyttä paikallisiin yhteyshenkilöihin. Mutta hänen pitäessään toisessa kädessään puhelinta, toisessa tulisi olla *japa mala* (rukousnauha) muistuttamassa, ettei *mantra*n (pyhä sana tai kaava) toistamista saa unohtaa. Langaton puhelin on hyödyllinen, kun pidetään yhteyttä maailmaan. Sitä voi tarpeen tullen käyttää. Mutta älä koskaan kadota yhteyttä Jumalaan, elämänvoimaasi."

Elävää Upanishadia

Kysyjä: Miten kuvailet Satgurua (todellinen mestari)?

Amma: Satguru on elävä Upanishad. (korkeimman totuuden ruumistuma, Upanishadien mukaan.)

Kysyjä: Mikä on mestarin päätehtävä?

Amma: Hän on olemassa ainoastaan innostaakseen oppilaitaan sekä juurruttaakseen uskon ja rakkauden heihin. Tämä on välttämätöntä, jotta he voisivat saavuttaa päämääränsä. Mestarin ensisijainen ja arvokkain tehtävä on sytyttää oppilaassa Itsen tutkistelun palo ja rakkaus Jumalaan. Kun se on syttynyt, mestarin seuraava tehtävä on liekin ylläpitäminen ja sen varjeleminen pimeyden myrskyiltä ja rankkoihin kaatosateisiin verrattavissa olevilta kiusauksilta. Mestari varjelee oppilasta kuin kanaemo poikasiaan, siipiensä suojassa. Seurailemalla mestarinsa elämää, oppilas omaksuu innostavia vaikutteita ja oppii vähitellen yhä suurempia läksyjä antaumuksesta ja kiintymättömyydestä. Asteittain se huipentuu täydelliseen antautumiseen ja vapautumiseen.

Kysyjä: Mistä oppilas vapautuu?

Amma: Alemmasta luonnostaan eli vasanoistaan (kielteiset ominaisuudet, ehdollistumat).

Kysyjä: Amma, miten luonnehdit egoa?

Amma: Kerrassaan mitätön, mutta tuhoisa, ellet ole varovainen.

Kysyjä: Mutta eikö se ole maailmassa toimittaessa hyvin käyttökelpoinen ja tehokas?

Amma: Kyllä, jos opit käyttämään sitä oikein.

Kysyjä: Mitä tarkoittaa "oikein?"

Amma: Amma tarkoittaa, että arvostelukykyä käyttämällä tulee harjoitella sen oikeata hallintaa.

Kysyjä: Eikö se kuulu osana *sadhaka*n (henkinen etsijä) henkiseen harjoitukseen?

Amma: Kyllä, mutta sadhaka saavuttaa asteittain egon täydellisen hallinnan.

Kysyjä: Tarkoittaako se sitä, että egosta vapautuminen ei ole välttämätöntä?

Amma: Hallinta ja vapautuminen merkitsevät samaa. Todellisuudessa ei ole mitään, mistä vapautua. Samalla tavalla kuin ego on viimekädessä epätodellinen, myös vapautuminen on epätodellista.

Vain *Atman* (Itse) on todellinen. Kaikki muu on varjoa tai kuin auringon peittäviä pilviä. Ne eivät ole todellisia.

Kysyjä: Mutta varjot suojaavat auringon paahteelta. Voiko sitä kutsua epätodellisiksi?

Amma: Totta. Varjoa ei voi pitää epätodellisena. Sillä on tarkoituksensa; se antaa suojan. Mutta älä unohda puuta, varjon antajaa. Varjoa ei ole ilman puuta, mutta puu on olemassa ilman varjoa. Varjo ei siis ole todellinen, eikä myöskään epätodellinen. Se on *maya*a (maailman harhan voima). Mieli ja ego eivät ole todellisia, mutta eivät myöskään epätodellisia. Atmanin olemassaolo ei ole millään tavoin egosta riippuvainen.

Esimerkiksi isä ja poika kävelevät ulkona päivän kuumimpana hetkenä. Kuumuudelta suojautuakseen pieni poika kävelee isänsä takana. Isän varjo suojaa poikaa kuumuudelta. Olet oikeassa, poikani, varjoa ei voi kutsua epätodelliseksi, vaikka se ei ole todellinenkaan. Se on kuitenkin käyttökelpoinen. Vaikka ego ei ole todellinen eikä epätodellinen, se on käyttökelpoinen. Se on muistuttamassa meitä perimmäisestä todellisuudesta, Atmanista, joka toimii egon voimanlähteenä.

Aivan kuten ei varjoa, ei myöskään maailmaa tai egoa ole olemassa ilman Atmania. Atman tukee ja ylläpitää koko kaikkeutta.

Kysyjä: Amma, palataksemme takaisin vapautumisen aiheeseen, sanoit, että aivan kuten ego on epätodellinen, myös egosta vapautuminen on epätodellista. Joten mitä siinä tapauksessa tarkoittaa Itsen avautuminen tai Itsen oivaltaminen?

Amma: Aivan kuten ego on epätodellinen, myös egosta vapautuminen vain näyttää tapahtuvan. Termi "Itsen avautuminen" on myös virheellinen, koska Itsen ei tarvitse avautua. Aina eli ajan kussakin kolmessa vaiheessa samana pysyvässä, ei voi tapahtua mitään sellaista.

Kaikki selitykset ohjaavat sinut lopulta oivaltamaan, että kaikki selitykset ovat turhia. Viimein oivallat, ettet mitään muuta ole ollutkaan kuin Atman; eikä siinä todella tapahtunut mitään muutosta. Esimerkiksi keskellä synkkää metsää on jumalallisten vesien kirkas lähde. Kun löydät sen ja juot siitä, saavutat kuolemattomuuden. Vaikka lähde oli siellä, et tiennyt siitä mitään. Yllättäen sait tiedon siitä, tiedostit sen olemassaolon. Sama koskee sisäistä, puhtaan *shaktin* (jumalallinen energia) alkulähdettä. Kun etsintä ja kaipuu tuntea Itse voimistuu, tapahtuu paljastuminen ja saat kosketuksen tuohon lähteeseen. Kun yhteys on vakiintunut pysyväksi, oivallat myös, että et koskaan ole siitä erossa ollutkaan.

Esimerkiksi universumilla on uumenissaan vielä valtavia rikkauksia. Siellä on arvokkaita jalokiviä, vertaansa vailla olevia lääkejuomia, kaiken parantavia rohtoja, ihmiskunnan historiaa koskevaa arvokasta tietoa, menetelmiä universumin mysteerin ratkaisemiseksi ja paljon muuta. Se kaikki mitä menneen, nykyajan ja tulevien aikojen tiedemiehet kykenevät paljastamaan on vain pieni hitunen siitä, mitä kaikkeuteen todella sisältyy. Mikään ei ole uutta. Kaikki keksinnöt ovat vain tulosta pintakerroksen kuorimisesta. Samoin korkein totuus pysyy syvällä sisimmässämme, ikään kuin kuoren alla. Kuorintaa kutsutaan *sadhanaksi* (henkinen harjoitus).

Joten yksilön näkökulmasta, Itsen avautumistapahtuma on olemassa ja siksi myös vapautuminen.

Kysymys: Amma, mitä vapautuminen on arkisen elämän vaihtelevissa tilanteissa?

Amma: Vapautuminen tapahtuu vasta sitten, kun olemme saavuttaneet riittävästi kypsyyttä ja ymmärrystä. Se tapahtuu henkisten harjoitusten tuloksena, kohtaamalla kaikki elämän mukanaan tuomat kokemukset ja tilanteet myönteisin, avoimin mielin. Tämä auttaa meitä luopumaan vääristä käsityksistämme ja pääsemään niiden tuolle puolen. Jos tulet hieman valppaammaksi, tulet ymmärtämään, että pienistä asioista, mitättömistä haluista ja kiintymyksestä luopumista sekä niistä vapautumista, tapahtuu elämässämme koko ajan.

Lapsi on aina innostunut leikkimään leluillaan, esimerkiksi täytetyllä simpanssillaan. Hän rakastaa sitä niin paljon, että kantaa sitä mukanaan kaiken aikaa ja kaiket päivät. Leikkiessään hän joskus unohtaa jopa nälkänsä. Jos äiti yrittää ottaa sen pois, lapsi alkaa itkeä järkyttyneenä. Jopa nukahtaessaan hän pitää siitä tiukasti kiinni. Vasta lapsen nukkuessa äiti voi ottaa lelun pois.

Eräänä päivänä äiti huomaa kaikkien lelujen, myös pojan eniten rakastaman simpanssin, lojuvan hylättynä huoneen nurkassa. Poika on yhtäkkiä kadottanut kiinnostuksensa leluihin. Hän on kasvanut niistä eroon. Hän saattaa jopa katsella hymyillen lelujensa parissa leikkivää lasta. Hän ehkä ajattelee: "Kas, lapsonen leikkii leluillaan." Hän on unohtanut olleensa lapsi itsekin.

Lapsen kasvaessa lelut vaihtuvat johonkin kehittyneempään, ehkä kolmipyöräiseen polkupyörään. Ennen pitkää hän vapautuu siitäkin ja alkaa ajaa kaksipyöräisellä polkupyörällä. Sitten hän saattaa haluta moottoripyörän, auton jne. Mutta sadhakan tulee kehittää voimaa ja ymmärrystä vapautua kaikesta kohdalleen tulleesta ja syleillä vain Korkeinta.

Maya

Kysyjä: Amma, mitä maya tarkoittaa? Miten määrittelet sen? **Amma:** Mieli on *maya*a. Mielen kyvyttömyys nähdä maailma tilapäisenä ja muuttuvana, on mayaa.

Kysyjä: Sanotaan myös, että tämä meidän näkemämme ja kokemamme maailma, on mayaa.

Amma: Kyllä, koska maailma on mielen heijastamaa. Se, mikä sokaisee meidät näkemästä tätä tosiasiaa, on mayaa.

Lapsi pitää santelipuusta tehtyä leijonaa todellisena, mutta aikuiselle se on pala santelipuuta. Lapselle puu on piilossa ja vain leijona on näkyvissä. Myös vanhemmat saattavat iloita leijonasta, mutta he tietävät, että se ei ole todellinen. Heille on todellista puu, eikä leijona. Aivan samoin, Itsen oivaltaneelle sielulle, koko kosmos on ydintä, "puuta", joka on kaiken kattava absoluuttinen *Brahman*, tietoisuus.

Ateisteista

Kysyjä: Amma, mitä mieltä olet ateisteista?

Amma: Kun yhteiskuntaa palvellaan oikealla tavalla, ei uskominen tai usko Jumalaan ole niin tärkeää.

Kysyjä: Etkö sitten välitä?

Amma: Amma välittää jokaisesta.

Kysyjä: Ajatteletko, että heidän näkemyksensä on oikein?

Amma: Mitä merkitystä on sillä, mitä Amma ajattelee, kun he kuitenkin uskovat omiin näkemyksiinsä?

Kysyjä: Amma, välttelet kysymykseeni vastaamista.

Amma: Ja sinä painostat Ammaa saadaksesi haluamasi vastauksen, tyttäreni.

Kysyjä: (nauraen) Hyvä on Amma. Haluan tietää, onko ateismi pelkkää järkeilyä, vai onko heidän sanoissaan jotain perää?

Amma: Omasta asenteestasi riippuu mikä on mieletöntä tai mielekästä. Ateistit uskovat lujasti, että korkeinta voimaa tai Jumalaa ei ole. Jotkut sanovat niin julkisesti ja kuitenkin uskovat sisimmässään.
Älyn käytössä ei ole mitään erikoista. Älyllisesti nokkela henkilö pystyy näennäisesti todistamaan tai kieltämään Jumalan olemassaolon. Ateismi perustuu logiikkaan. Voisiko älyllinen pohdiskelu todistaa tai kumota Jumalan, joka on rajoittuneen älyn tuolla puolen.

Kysyjä: Tarkoitatko, että heidän käsityksensä Jumalasta ovat virheellisiä?

Amma: Kaikki käsitykset Jumalasta, niin heidän kuin muidenkin, ovat väistämättä virheellisiä, koska Jumalaa ei voida tarkastella vain tietystä näkökulmasta. Jumala ilmestyy vain kaikkien käsitysten kadottua. Älyllistä päättelyä voidaan käyttää perustelemaan tai kumoamaan jokin väite. Mutta se ei ole aina välttämättä totuus.

Oletetaan, että sanot: "A:lla ei ole mitään kädessään, B:llä ei myöskään ole mitään kädessään. En näe mitään myöskään C:n kädessä. Johtopäätös on, että kukaan ei pidä kädessään mitään." Tämä on loogista ja kuulostaa oikealta, mutta onko niin? Älylliset päätelmät ovat tähän verrattavissa.

Nykypäivän ateistit tuhlaavat runsaasti aikaa yrittäessään todistella Jumalan pois päiviltä. Jos he ovat uskomuksessaan varmoja, miksi he ovat niin huolissaan? Sen sijaan, että sitovat itsensä tuollaisiin repiviin älyllisiin kiistoihin, he voisivat tehdä jotakin yhteiskuntaa hyödyttävää.

Rauha

Kysyjä: Mitä Amman tarkoittaa sanalla rauha?

Amma: Tarkoitatko ulkoista rauhaa vai sisäistä rauhaa?

Kysyjä: Haluan tietää mitä on todellinen rauha.

Amma: Tyttäreni, kerro ensin Ammalle oma näkemyksesi todellisesta rauhasta.

Kysyjä: Uskon, että rauha on onnea.

Amma: Mutta mitä on todellinen onni? Onko se seurausta siitä, että olet saanut toteutettua halusi, vai onko sinulla jokin muu selitys?

Kysyjä: Hmm...Eikö se ole mielentila, kun halut on toteutettu?

Amma: Mutta sellaiset onnentilat katoavat pian. Olet onnellinen, kun olet toteuttanut tietyn mielihalun. Pian sen tilalla on kuitenkin toinen mieliteko ja huomaat tavoittelevasi sitä. Eikö tällainen tapahtumaketju ole loputon?

Kysyjä: Tuo on totta, joten onko sisäisen onnen tunne sittenkään todellista onnellisuutta?

Amma: Mutta miten tunnet olevasi sisäisesti onnellinen?

Kysyjä: (nauraen) Yrität saada minut lankaan.

Amma: Ei. Olemme lähestymässä tarvitsemaasi vastausta. Tyttäreni, ajattele, onko sisäinen onnen tunne mahdollinen, jos mieli ei ole tyyni? Vai luuletko, että syödessäsi jäätelöä ja suklaata, tulet todella rauhalliseksi ja levolliseksi?

Kysyjä: (nauraen) Voi, nyt sinä kiusoittelet minua.

Amma: Tytär, Amma on vakavissaan.

Kysyjä: (mietteliäästi) Se ei ole rauhaa eikä onnea. Se on eräänlaista tyydytystä tai mielihyvää.

Amma: Kestääkö tuollainen mielihyvä kauan?

Kysyjä: Ei. Se tulee ja menee.

Amma: Kerro nyt Ammalle, voiko tunne, joka tulee ja menee, olla todellinen tai pysyvä?

Kysyjä: Ei todellakaan.

Amma: Miksi kutsuisit sitä?

Kysyjä: Mikä tulee ja menee tavallisesti tunnetaan "tilapäisenä" tai "ohimenevänä."

Amma: Sinä sen sanoit. Salli Amman nyt kysyä, onko elämässäsi ollut sellaisia hetkiä, jolloin olet kokenut rauhaa ilman mitään erityistä syytä?

Kysyjä: (hetken mietittyään) Kyllä. Istuessani kerran kotitaloni takapihalla ja katsellessani laskevaa aurinkoa. Tuolla hetkellä sydämeni täyttyi ennen kokemattomasta ilosta. Tuolla kauniilla hetkellä yksinkertaisesti liu'uin ajatuksettomaan tilaan ja tunsin suurta sisäistä rauhaa ja iloa. Muistellessani jälkeenpäin tuota hetkeä, kirjoitin vieläpä sitä kuvailevan runon.

Amma: Tyttäreni, se on vastaus kysymykseesi. Rauha toteutuu, kun ajatusten vähetessä mieli on hiljaa. Vähemmän ajatuksia merkitsee enemmän rauhaa ja enemmän ajatuksia merkitsee vähemmän rauhaa. Ilman mitään aihetta viriävä rauha tai onni, on aitoa rauhaa ja onnea.

Rauha ja onni ovat sama asia. Mitä avoimempi olet, sitä enemmän tunnet rauhaa ja onnea ja päinvastoin. Ellemme hallitse mieltämme tietyssä määrin, todellisen onnen saavuttaminen on vaikeaa.

Sisäisen rauhan löytäminen on oikea tie ulkoiseen rauhaan. Sisäisen ja ulkoisen pyrkimyksen tulee kulkea käsi kädessä.

Kysyjä: Amma, miten kuvailet rauhaa henkisestä näkökulmasta?

Amma: Henkisen ja maallisen rauhan välillä ei ole eroa. Aivan kuten rakkaus on yhtä, myös rauha on yhtä. Siinä on kylläkin asteero. Riippuu siitä, miten syvälle menet sisimpääsi. Ajattele mieltäsi järvenä; ajatukset ovat väreitä järven pinnalla. Jokainen ajatus tai tunnekuohu on kuin lampeen heitetty kivi, joka synnyttää lukemattomia laineita. Meditatiivinen mieli on kuin lootuskukka, joka kelluu järven pinnalla. Ajatusten laineet ovat yhä olemassa, mutta ne eivät häiritse lootuskukkaa. Se vain kelluu.

"Jätä minut yksin! Haluan olla rauhassa!" Tämä on tavallinen ilmaisu – joskus keskellä riitaa tai saatuamme tarpeeksemme jostakin henkilöstä tai tilanteesta. Mutta onko tämä mahdollista? Jos jätämme tuon henkilön yksin, hän ei koe rauhaa, eikä hän kykene olemaan yksin. Hän istuu suljettujen ovien takana huoneessa, kiehuu sisäisesti ja hautoo kaikkea tapahtunutta. Hän on edelleen häiritsevien ajatustensa maailmassa. Todellinen rauha on hyvin syvä tunne, joka nielaisee sydämen vapauduttuamme menneen vatvomisesta.

Rauhan tunne ei ole mielen kiihtymyksen vastakohta. Se on kiihtymyksen poissa oloa. Se on täydellisen rentoutuneisuuden ja levollisuuden tila.

Elämän suurin opetus

Kysyjä: Mikä on suurin opetus, joka meidän on välttämätöntä oppia elämässä?

Amma: Ole kiintynyt maailmaan kiintymättä siihen.

Kysyjä: Miten voi olla kiintynyt ja kiintymätön yhtä aikaa?

Amma: Ole kiintynyt ja kiintymätön sen mukaan, mitä toivot – toimi, sitten päästät menemään ja kuljet eteenpäin... toimi taas, sitten päästät menemään ja kuljet eteenpäin. Eikö ylimääräisten matkatavaroiden raahaaminen teekin matkustamisen vaivalloiseksi? Aivan samoin, ylimääräinen matkalaukullinen sekalaisia unelmia, kiintymyksiä ja haluja, tekee elämänmatkastasi erittäin viheliäisen.

Niinpä suuret hallitsijat, diktaattorit ja vallanpitäjät kärsivät hirvittävästi ennen elämänsä päättymistä juuri tuollaisen ylimääräisen taakan retuuttamisen tähden. Vain takertumattomuuden taito, auttaa pysymään levollisena, tuolla hetkellä.

Aleksanteri Suuri oli uljas soturi ja hallitsija, joka oli vallannut maailmasta lähes kolmanneksen. Hän halusi olla koko maailman valtias, mutta kärsi tappion sotatantereella ja sairastui kuoleman-vakavasti. Joitakin päiviä ennen kuolemaansa Aleksanteri kutsui luokseen ministerinsä ja selitti heille, miten halusi tulla haudatuksi. Hän halusi arkkunsa molemmille puolille aukot, joista hänen käten-sä työntyisivät ulos, kämmenet ylöspäin. Ministerit kysyivät syytä tähän. Aleksanteri vastasi, että tällä tavalla jokainen tulee tietämään, että Aleksanteri Suuri, joka oli koko elämänsä ajan yrittänyt vallata ja omistaa maailman, oli lähtenyt aivan tyhjin käsin. Hän ei ollut ottanut mukaansa edes omaa kehoaan. Ihmiset saattaisivat hyvin-kin ymmärtää, miten turhaa on kuluttaa elämänsä maailmallisten asioiden tavoiteluun.

Emme todellakaan voi viedä mukanamme mitään, emme edes omaa kehoamme. Joten, mitä hyödyttää tuntea yletöntä kiintymystä?

Taiteesta & musiikista

Kysyjä: Amma, koska olen muusikko, niin haluaisin tietää, miten minun pitäisi suhtautua ammattiini ja miten voisin enemmän ja enemmän ilmaista musikaalista lahjakkuuttani?

Amma: Jumalan kauneus ilmenee taiteessa; musiikin, maalauksen, tanssin jne.. muodossa. Se on eräs helpoimmista tavoista oivaltaa oma myötäsyntyinen jumalallisuutensa. Monet pyhimykset ovat löytäneet Jumalan musiikin kautta. Joten olet erityisen siunattu siksi, että olet muusikko. Asennoidu ammattiisi vasta-alkajana, ole lapsi Jumalan edessä, jumalallisuuden edessä. Se auttaa sinua saamaan yhteyden mielesi äärettömiin mahdollisuuksiin. Tämä vuorostaan auttaa sinua ilmentämään musikaalisia lahjojasi yhä enemmän ja enemmän ja paljon syvemmällä tavalla.

Kysyjä: Mutta Amma, miten voin olla lapsenkaltainen vasta-alkaja?

Amma: Yksinkertaisesti tajuamalla ja hyväksymällä tietämättömyytesi, sinusta tulee aivan itsestään vasta-alkaja.

Kysyjä: Ymmärrän, mutta en ole täysin tietämätön. Minulla on muusikon koulutus.

Amma: Miten paljon olet saanut koulutusta?

Kysyjä: Opiskelin musiikkia kuusi vuotta ja viimeiset 14 vuotta olen ollut esiintyvä taiteilija.

Amma: Miten suuri on avaruus?

Kysyjä: (kuulostaen hieman hämmentyneeltä) En ymmärrä kysymystäsi.

Amma: (hymyillen) Et ymmärrä kysymystä, koska et ymmärrä, mikä on avaruus, vai mitä?

Kysyjä: (kohottaen olkapäitään) Ehkä.

Amma: Ehkä?

Kysyjä: Mikä yhdistää minun kysymykseni kysymykseesi: "Miten suuri on avaruus?"

Amma: Niillä on yhteys. Puhdas musiikki on yhtä suurta kuin avaruus. Se on Jumala. Se on puhdasta tietoa. Salaisuus on siinä, että annat maailmakaikkeuden puhtaana soida lävitsesi. Et voi oppia musiikkia 20 vuodessa. Olet saattanut laulaa viimeiset 20 vuotta, mutta todella ymmärtää musiikkia tarkoittaa, että koet musiikin omana Itsenäsi. Musiikin omana Itsenä kokeminen tarkoittaa, että annat musiikin omistaa sinut kokonaan.

Jotta musiikki valtaisi sydämesi yhä enemmän, anna sille sisimmässäsi enemmän tilaa. Mitä enemmän on ajatuksia, sitä vähemmän on tilaa. Mietiskele nyt tätä: "Miten paljon on sisimmässäni tilaa puhtaalle musiikille?"

Jos todella toivot musikaalisten lahjojesi pääsevän esiin yhä enemmän ja enemmän, vähennä turhien ajatusten määrää ja anna enemmän tilaa musiikin energialle virrata sinussa.

Rakkauden lähde

Kysyjä: Amma, miten voin oppia rakastamaan puhtaasti ja viattomasti, kuten olet neuvonut?

Amma: Vain sitä, mikä on vierasta, voidaan opetella, mutta rakkaus on todellinen luontosi. Sisimmässäsi on rakkauden lähde. Käytä tuota lähdettä oikealla tavalla, silloin jumalallisen rakkauden *shakti* -energia täyttää sydämesi ja laajenee sisimmässäsi äärettömäksi. Et voi väkisin *pakottaa* sitä. Voit vain pyrkiä asennoitumaan sisimmässäsi oikein, niin se tapahtuu.

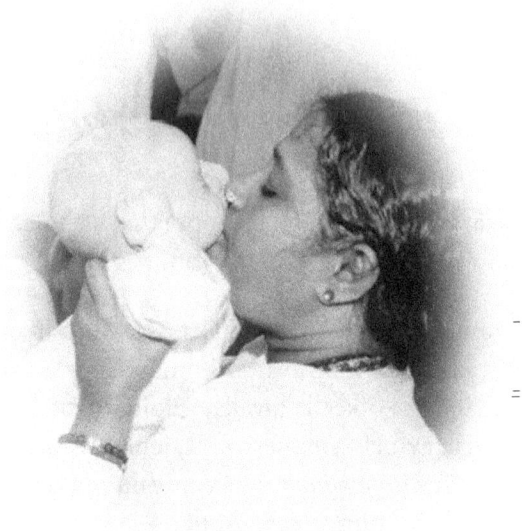

Miksi halaat?

Kysyjä: Amma, halaat kaikkia. Kuka halaa sinua?

Amma: Koko luomakunta halaa Ammaa. Todellisuudessa Amma ja koko luomakunta, ovat ikuisessa syleilyssä.

Kysyjä: Amma, miksi halaat ihmisiä?

Amma: Tuo on kuin kysyttäisiin joelta: "Miksi virtaat?"

Jokainen hetki sisältää
arvokkaan opetuksen

Amudarshan (mestarin vastaanotto) oli juuri meneillään. Amma oli vastikään lopettanut kysymyksiin vastaamisen. Jono oli ollut pitkä. Huokasin syvään ja ajattelin pitää lepotauon. Silloin joku tuli yllättäen eteeni ja ojensi muistilapun. Siinä oli vielä yksi kysymys. Rehellisesti sanoen olin hieman harmistunut. Otin kuitenkin hänen muistilappunsa ja samalla tiedustelin: "Voitko odottaa huomiseen? Olemme jo lopettaneet tältä aamulta."

Hän vastasi: "Tämä on tärkeää. Miksi et kysy heti?"

Ajattelin, tai ehkä kuvittelin, että hän oli vaativa.

"Onko minun selostettava sekin sinulle?" vastaukseni oli pisteliäs.

Hän ei luovuttanut. "Velvollisuutesi ei ole tehdä sitä, mutta miksi et kysy Ammalta? Amma ehkä haluaa vastata kysymykseeni."

Siinä vaiheessa jätin hänet huomiotta, katsoin toiseen suuntaan. Amma antoi darshania. Me kiistelimme darshantuolin takana. Molemmat puhuimme hiljaa, mutta töykeästi. Yhtäkkiä Amma kääntyi katsomaan ja kysyi minulta: "Oletko väsynyt? Tunnetko uupumusta? Oletko syönyt?" Olin ällistynyt ja samalla häpesin, koska hän oli kuullut keskustelun. Olin ollut typerä. Minun olisi pitänyt tietää paremmin. Vaikka Amma antoi darshania ja vaikka puhuimme hiljaa, hänen silmänsä ja hänen koko kehonsa näkee, kuulee ja aistii kaiken.

Amma jatkoi: "Jos olet väsynyt, mene tauolle, mutta huolehdi ensin tämän poikani kysymyksestä. Opettele olemaan huomaavainen. Älä muodosta itsellesi pakkomiellettä siitä, mikä sinusta tuntuu oikealta."

Pyysin mieheltä anteeksi ja otin hänen kysymyksensä. Amma käsitteli hänen ongelmaansa rakastavasti ja mies lähti tyytyväisenä. Kysymys oli tärkeä, kuten hän oli sanonut.

Hänen lähdettyään, Amma sanoi: "Katsohan poikani, kun joku saa sinussa aikaan reaktion, olet väärässä ja tuo toinen on todennäköisesti oikeassa. Paremmassa mielentilassa oleva pystyy havainnoimaan tilannetta selkeämmin. Reagointi tekee sokeaksi. Reagoiminen ei auta ymmärtämään toisia, eikä huomioimaan heidän tunteitaan.

Olkoon tilanne mikä tahansa, ennen kuin reagoit, voitko pysähtyä ja sanoa kyseessä olevalle henkilölle: "Anna minulle hetki aikaa ennen kuin vastaan sinulle. Mietin perusteellisemmin sitä, mitä sanoit. Ehkä olet oikeassa ja minä väärässä." Jos rohkenet sanoa tuolla tavalla, silloin olet vähintäänkin ottanut toisen henkilön tunteet huomioon. Tämä estää monien epämiellyttävien jälkiseurausten syntymistä."

Olin ollut jälleen todistamassa Suuren Mestarin korvaamattoman arvokasta opetusta. Minut oli pantu nöyrtymään.

Valaistuneen ymmärtämisestä

Kysyjä: Onko mahdollista ymmärtää *Mahatma*a (Suuri Sielu) mielen avulla?

Amma: Ensinnäkin Mahatmaa ei voi ymmärtää. Hänet voi vain kokea. Koska mielelle on ominaista vatvominen ja epäileminen, se ei pysty kokemaan mitään sellaisenaan, ei edes maallisia asioita. Esimerkiksi, kun todella haluat kokea kukan, mieli pysähtyy, ja jokin alkaa toimia mielen tuolla puolen.

Kysyjä: Amma, sanoit: "Mieli pysähtyy, ja jokin mielen tuolla puolen alkaa toimia." Mikä tuo jokin on?

Amma: Voit kutsua sitä sydämeksi, mutta kyseessä on tilapäinen syvä hiljaisuus – mielen hiljentyminen, pysähdys ajatusten virrassa.

Kysyjä: Amma, kun sanot "mieli", mitä se tarkoittaa? Tarkoittaako se vain ajatuksia vai merkitseekö se enemmän?

Amma: Mieli sisältää muistin, siihen on varastoitunut menneisyys, ajatteleminen, epäileminen, päättäminen ja minuuden tunne.

Kysyjä: Entä kaikki emootiot?

Amma: Ne ovat myös osa mieltä.

Kysyjä: Hyvä on. Siis kun sanot: "Mieli ei voi ymmärtää Mahatmaa", tarkoitat, että tämä monimutkainen mekanismi ei voi tunnistaa Mahatman olemisentilaa.

Amma: Kyllä. Ihmismieli on hyvin ennalta arvaamaton ja juonikas. Totuuden etsijän on erittäin tärkeä tietää, että hän ei kykene tunnistamaan *Satguru*a (todellinen mestari). Siihen ei ole mitään tunnusmerkkejä. Juomari voi tunnistaa toisen juomarin. Samoin kaksi uhkapeluria ymmärtävät toisiaan. Saituri vaistoaa toisen saiturin. Heillä kaikilla on yhteiset mittapuut, tunnusmerkit. Mitään tuollaista mittapuuta, tunnusmerkkiä, ei ole Satgurun tunnistamiseksi. Eivät fyysiset silmämme, eikä mielemme tunnista suurta sielua. Siihen tarvitaan erikoisharjoitusta, eli *sadhana*a (henkinen harjoitus). Vain sadhanan herkeämätön harjoittaminen auttaa meitä saavuttamaan kylliksi voimaa, pystyäksemme puhkaisemaan mielen pintakerroksen ja pääsemään sen alle. Päästyäsi vihdoin mielen pinnan alle, joudut vastakkain lukemattomien tunne- ja ajatuskerrosten kanssa. Kaikkien näiden mutkikkaiden, niin karkeiden kuin hienovärähteistenkin, mielen kerrosten läpi päästäkseen ja edetäkseen niiden tuolle puolen, *sadhaka* (henkinen oppilas) tarvitsee Satgurun jatkuvaa opastusta. Mielen syvimmille tasoille, erilaisten kerrosten läpi porautuminen ja menestyksekäs selviytyminen siitä kaikesta, edellyttää *tapas*ia (itsekuri). Tämän ja lopullisen vapautumisen tekee mahdolliseksi vain Satgurun ehdollistamaton armo.

Mieli on aina täynnä odotuksia. Koko mieli on pelkkää odotusta, otaksumia ja luuloa. Mahatma on mielen odotusten ja vaatimusten tuolla puolen. Voidakseen kokea Mestarin puhtaan tietoisuuden, tuollaisten taipumusten on kadottava mielestä.

Amma, väsymätön energia

Kysyjä: Amma, haluatko joskus lakata tekemästä työtä, jota nyt teet?

Amma: Amman tekemä työ, ei ole työn tekemistä. Tämä on palvomista. Palvonta on vain puhdasta rakkautta. Joten tämä ei ole työtä. Amma palvoo lapsiaan Jumalana. Lapset, te kaikki olette Amman Jumala.

Rakkaus ei ole monimutkaista. Se on yksinkertaista, luonnostaan tapahtuvaa. Se on todella meidän oma, varsinainen luontomme. Joten tämä ei ole työtä. Ammalle lastensa henkilökohtainen halaaminen on yksinkertaisin tapa ilmaista rakkautta heitä ja koko luomakuntaa kohtaan. Työn tekeminen on rasittavaa ja voimia kuluttavaa, rakkaus sitä vastoin ei koskaan väsytä tai kyllästytä. Päinvastoin, se täyttää sydämesi alati kasvavalla energialla. Puhdas rakkaus saa sinut tuntemaan itsesi kevyeksi kuin kukkanen. Et tunne mitään kuormitusta tai rasitusta. Ego aiheuttaa rasittumisen.

Aurinko ei koskaan lakkaa loistamasta. Myös tuuli puhaltaa ikuisesti eikä joki lakkaa virtaamasta ja ilmoita: "Nyt riittää! Olen tehnyt samaa työtä iät ja ajat. On muutoksen aika." Ne eivät koskaan väsy. Ne jatkavat niin kauan kuin maailma on olemassa, sillä se on niiden luontoa. Amma ei myöskään voi lakata jakamasta rakkautta lapsilleen, sillä hän ei kyllästy koskaan rakastamaan lapsiaan.

Ikävystyminen johtuu vain rakkaudettomuudesta. Silloin haluat jatkuvaa vaihtelua, muuttaa paikasta toiseen ja vaihtaa kohteen joksikin toiseksi. Rakkaudessa ei ole ikävystymistä. Kaikki on ajatonta, uutta ja tuoretta. Ammalle läsnä oleva hetki on paljon tärkeämpi kuin huomisen tehtävät.

Kysyjä: Tarkoitatko, että jatkat *darshan*in (mestarin vastaanotto) antamista vuosia eteenpäin?

Amma: Niin kauan kuin nämä kädet hiukankin liikkuvat ja kohoavat vastaanottamaan ihmisiä, jotka tulevat Amman luo. Niin kauan kuin Ammalla on hiukankin voimaa ja vahvuutta laskea kätensä tyynnyttävästi surevan olkapäälle ja kuivata hellästi heidän kyyneleitään, Amma jatkaa darshanin antamista. Amma toivoo voivansa lohduttaa ihmisiä ja hellästi kuivata heidän kyyneleensä, niin kauan kuin tämä katoava keho suinkin kestää.

Amma on antanut darshania viimeiset 35 vuotta. *Paramatman*in (Korkein Sielu) armosta Amman ei ole tarvinnut peruuttaa ainoatakaan darshania tai ohjelmaa minkään fyysisen sairauden vuoksi. Amma ei murehdi seuraavaa hetkeä. Rakkaus on läsnä olevassa hetkessä, onni on läsnä olevassa hetkessä, Jumala on läsnä olevassa hetkessä ja myös valaistuminen on läsnä olevassa hetkessä. Eikö tulevan murehtiminen ole turhaa siinä tapauksessa? Nyt tapahtuva on tärkeämpää kuin se, mitä tulevaisuudessa tapahtuu. Olla tässä ja nyt, on niin herkkää, kaunista ja niin täydellistä. Miksi murehtia tulevaa? Annetaan tulevaisuuden aueta luonnollisesti läsnä olevasta hetkestä.

Amman lapsi kadoksissa

Tohtori Jaggu on Amman Intiassa sijaitsevan *ashram*in (henkisen mestarin koti, jossa hän opastaa oppilaitaan) vakituinen asukas. Hän oli saanut perheeltään rahaa voidakseen matkustaa Amman mukana Eurooppaan. Koska viisumianomuksen käsittely oli viivästynyt, Amma ryhmineen ehti lähteä Intiasta ennen häntä. Kaikki olivat kuitenkin onnellisia, sillä Jaggun oli määrä tavoittaa ryhmä Antwerpenissä, Belgiassa.

Tämä oli Jaggun ensimmäinen matka Intian ulkopuolelle. Hän ei ollut koskaan aikaisemmin matkustanut lentokoneella. Järjestimme niin, että joku olisi hyvissä ajoin häntä vastassa lentokentällä. Vastaanottajat odottivat autossaan lentokentän ulkopuolella, mutta eivät olleet nähneet Jaggun tulevan terminaalista. Lentokentän virkailijat vahvistivat, että Jaggu niminen matkustaja oli ollut lennolla Lontoon Heathrowista. He ilmoittivat koneen laskeutuneen Brysselin kansainväliselle lentokentälle noin klo 16.00 iltapäivällä. Neljä tuntia oli kulunut koneen laskeutumisesta, mutta tohtori Jaggusta ei vieläkään oltu saatu mitään tietoa.

Lentokentän virkailijoiden avustuksella paikalliset Amman lapset etsivät tarkasti koko lentokentän alueen. Jaggun nimi kuulutettiin useita kertoja kentän kuulutusjärjestelmässä, mutta hänestä ei kuulunut mitään, eikä missään ollut merkkiäkään hänestä.

Kaikkien oli pakko uskoa, että tohtori Jaggu oli eksynyt – joko jättikokoisella lentokentällä tai Brysselissä, yrittäessään epätoivoisesti päästä jollakin keinolla ohjelmapaikalle.

Amma harjoitteli samaan aikaan uusia *bhajan*eja (antaumukselliset laulut). Hän istui autuaan rauhallisena kiertueryhmä ympärillään. Koska kaikki olivat hieman hätääntyneitä ja levottomia Jaggun yllättävästä katoamisesta, ilmoitin tilanteen Ammalle kesken laulamisen. Oletin hänen ilmaisen ylitsevuotavan äidillistä huolestuneisuutta. Yllätyin, kun Amma kääntyi minuun ja totesi yksinkertaisesti: "Tule mukaan, laula seuraava laulu."

Minulle se oli myönteinen merkki. Nähdessäni Amman huolettomana kuin heinäsirkka, sanoin toisille: "Luulen, että Jaggu on täysin turvassa, koska Amma on niin levollinen. Jos olisi aihetta, Amma olisi varmasti huolestunut."

Muutamia minuutteja myöhemmin tuli paikalle *brahmachari* (selibaatissa elävä mestarin oppilas) Dayamrita ja ilmoitti: "Jaggu ilmestyi hetki sitten pääportille." Samassa tohtori Jaggu asteli sisään leveä hymy kapeilla kasvoillaan.

Jaggu oli todellakin ollut eksynyt. Hänen kuvasi seikkailuaan seuraavasti: "Kun tulin terminaalista, siellä ei ollut ketään vastassa. En tiennyt mitä tehdä. Vaikka olin hieman huolissani, uskoin lujasti, että Amma lähettäisi jonkun pelastamaan minut tuosta täysin oudosta tilanteesta. Onneksi minulla oli ohjelmapaikan osoite mukanani. Eräs pariskunta tunsi sääliä ja he auttoivat minua löytämään tänne."

Amma sanoi: "Amma tiesi oikein hyvin, että olit turvassa ja löytäisit tänne. Siksi Amma pysyi rauhallisena, kun kuuli katoamisestasi."

Myöhemmin samana iltana kysyin Ammalta miten hän tiesi, että Jaggu oli turvassa. Amma vastasi: "Amma vain tiesi."

"Mutta miten?" kihelmöin uteliaisuudesta.

Amma sanoi: "Aivan samalla tavalla kuin näet oman peilikuvasi, Amma pystyi näkemään, ettei hänellä ollut hätää."

Kysyin: "Näitkö, että Jaggua autettiin, vai innostitko sinä pariskuntaa auttamaan häntä?" Amma ei sanonut asiasta enempää, vaikka yritin kysyä vielä parikin kertaan.

Väkivallasta

Kysyjä: Amma, voiko väkivalta ja sota toimia välineenä rauhan saavuttamiseksi?

Amma: Sota ei voi palvella välineenä rauhan saavuttamiseksi. Tämä on ehdoton ja kiistaton totuus, jonka historiakin on meille todistanut. Jos ihmisten tietoisuus ei muutu perinpohjaisesti, rauha on vain kaukainen hätähuuto. Vain henkisyys ja sen mukainen elämäntapa, tuo muutoksen maailmaan. Sodalla emme pysty koskaan korjaamaan mitään tilannetta.

Rauha ja väkivalta ovat vastavoimia. Väkivalta on voimakasta reagoimista, se ei ole ratkaisu. Reagoiminen laukaisee yhä enemmän vastustusta. Tämä on maalaisjärkeä. Ammalle on kerrottu, että Englannissa on joskus ollut tapana kurittaa varkaita hyvin erikoisella tavalla. Roisto tuotiin julkiselle paikalle, missä hänet riisuttiin alasti ja piestiin suuren yleisön edessä. Tarkoitus oli, että koko kaupunki saisi tietää miten ankarasti rikoksen tehnyttä rangaistaan. Tällainen menettely piti kuitenkin lopettaa, koska tapahtumat tarjosivat erinomaisen mahdollisuuden taskuvarkaille. Nämä käyttivät tilaisuutta hyväkseen kähveltääkseen töllistelijöiden taskut. Rangaistuspaikasta oli siten tullut rikoksia kasvattava maaperä.

Kysyjä: Tarkoittaako tämä sitä, että rangaistukset pitäisi lopettaa?

Amma: Ei. Ei. Ei ollenkaan. Koska suurin osa maailman väestöstä ei tiedä, miten käyttää vapautta yhteiskunnan hyödyksi, on tietty määrä pelkoa – "minua rangaistaan, ellen noudata lakia" – hyväksi. Mutta jos pyritään väkivallan ja sodan avulla luomaan rauhaa ja sopua, siitä ei ole apua pitkäksikään aikaa. Tämä johtuu yksinkertaisesti siitä, että väkivalta iskee ihmisten mieleen syviä haavoja ja aiheuttaa loukattuja tunteita ja nostattaa siten jossakin vaiheessa, entistä rajumpaa väkivaltaa ja vastakkainasettelua.

Kysyjä: Mikä on sitten ratkaisu?

Amma: Tee kaikki voitavasi henkilökohtaisen tietoisuutesi laajentamiseksi. Vain laajempi tietoisuus kykenee todella ymmärtämään. Vain sellaiset ihmiset kykenevät muuttamaan yhteiskunnan ajattelutapaa. Siksi henkisyys on erittäin tärkeää nykypäivän maailmassa.

Tietämättömyys on ongelma

Kysyjä: Poikkeavatko intialaisten ja länsimaalaisten ongelmat toisistaan?

Amma: Intiassa ja länsimaissa ongelmat ovat ulkonaisesti erilaisia. Perusongelma, kaikkien ongelmien juuri, on kaikkialla yksi ja sama. Se on tietämättömyys, tietämättömyys *Atman*ista, Itsestä, todellisesta olemuksestamme.

Liiallinen huoli fyysisestä turvallisuudesta ja piittaamattomuus henkisyyden antamasta turvasta on nykymaailmalle luonteenomaista. Tämän suuntauksen pitäisi muuttua. Amma ei tarkoita sitä, että ihmiset eivät saisi huolehtia kehostaan ja fyysisestä elämästään. Se ei ole keskeinen asia. Perusongelmana on epäselvyys siitä, mikä on pysyvää ja mikä tilapäistä. Keholle, joka on tilapäinen, annetaan liian suuri merkitys, mutta unohdetaan täysin Atman, joka on pysyvä. Tässä on tapahduttava muutos.

Kysyjä: Näetkö mahdolliseksi, että yhteiskuntamme muuttuisi?

Amma: Aina on olemassa mahdollisuus. Tärkeä kysymys kuuluu, ovatko yksilöt ja yhteiskunta halukkaita muuttumaan.

Kaikki oppilaat saavat luokkahuoneessa saman mahdollisuuden. Se, miten paljon oppilas oppii, riippuu hänen kyvystään omaksua.

Nykymaailmassa jokainen haluaa, että toinen muuttuu ensin. On vaikeaa löytää ihmistä, joka vilpittömästi tuntee, että hänen itsensä on muututtava. Sen sijaan ajattelet, että toisen pitää muuttua ensin, jokaisen tulisi pyrkiä muuttamaan itseään. Jos muutosta ei tapahdu sisäisessä maailmassa, myös ulkoisessa maailmassa asiat pysyvät enemmän tai vähemmän samanlaisina.

Nöyryyden tulkintaa

Oppilaalle, joka kysyi nöyryydestä:

Amma: Kun sanomme: "Tuo henkilö on hyvin nöyrä" se tarkoittaa itse asiassa sitä, että hän on pönkittänyt egoani ja auttanut minua ylläpitämään sen koskemattomuutta ja loukkaantumattomuutta. Halusin hänen tekevän jotain puolestani ja hän teki sen nurisematta. Niinpä hän on hyvin nöyrä ihminen. Sitä tuo lausunto todellisuudessa tarkoittaa. Kun tuo "nöyrä ihminen" sattuu avaamaan suunsa ja kyseenalaistaa meitä, jopa aivan aiheellisesti, mielipiteemme muuttuu. Silloin sanomme: "Hän ei olekaan niin nöyrä kuin luulin." Mikä tarkoittaa, hän on loukannut egoani, joten hän ei ole nöyrä.

Olemmeko erityisiä?

Toimittaja: Amma, ajatteletko, että ihmiset tässä maassa ovat jotenkin erityisiä?

Amma: Ammalle koko ihmiskunta ja koko luomakunta on hyvin ainutlaatuinen, koska jumalallisuus on jokaisessa. Amma näkee samoin täällä olevissa ihmisissä tuon jumalallisuuden. Siten te kaikki olette erityisiä.

Itsen apu vai oma apu

Kysyjä: Oma-apumenetelmät ja -kirjat, ovat nousseet suosioon länsimaissa. Amma, olisitko hyvä ja kertoisit näkemyksesi tästä aiheesta?

Amma: Kaikki riippuu siitä, miten itsensä auttamista tulkitaan.

Kysyjä: Mitä tarkoitat?

Amma: Onko kyseessä Itsen apu vai oma apu?

Kysyjä: Onko siinä eroa?

Amma: Todellisen Itsen apu auttaa sydämesi puhkeamaan kukkaan, kun taas oma-apu vahvistaa egoa.

Kysyjä: Joten, mitä ehdottaisit Amma?

Amma: "Hyväksy totuus", olisi Amman vastaus.

Kysyjä: En ymmärrä.

Amma: Juuri tuolla tavalla ego toimii. Se ei anna sinun hyväksyä totuutta, eikä ymmärtää sitä, mikä on oikein.

Kysyjä: Miten näen totuuden?

Amma: Totuuden näkeminen edellyttää ensin valheen näkemistä.

Kysyjä: Onko ego todellakin illuusio?

Amma: Hyväksytkö, jos Amma sen sanoo?

Kysyjä: *Hmm…*jos haluat.

Amma: (nauraen) Jos *Amma* haluaa? Kysymys on, haluatko *sinä* kuulla ja hyväksyä totuuden?

Kysyjä: Kyllä. Haluan kuulla ja hyväksyä totuuden.

Amma: Jumala on totuus.

Kysyjä: Tarkoittaako tuo sitä, että ego on epätodellinen?

Amma: Ego on epätodellinen. Se on sinussa oleva ongelma.

Kysyjä: Joten kuljettaako jokainen tuota ongelmaa mukanaan minne meneekin?

Amma: Kyllä. Ihmisistä on tullut liikekannalla olevia ongelmia.

Kysyjä: Mikä sitten on seuraava askel?

Amma: Jos haluat voimistaa egoasi, auta siinä tapauksessa itseäsi tulemaan voimakkaammaksi. Jos haluat Itsen avun, turvaudu Jumalan apuun.

Kysyjä: Monet ihmiset pelkäävät menettää egonsa. He luulevat, että tarvitsevat sitä maailmassa elämistä varten.

Amma: Jos todella haluat Jumalan apua löytääksesi todellisen Itsesi, sinun ei tarvitse pelätä egosi, pienen itsesi menettämistä.

Kysyjä: Mutta kuitenkin egoa vahvistamalla saavutamme maallisia ansioita, joka on suoraa, välitöntä kokemusta. Egomme menettäessämme tapahtuu päinvastoin, kokemukset eivät tule suoraan ja välittömästi.

Amma: Siksi luottamus matkalla todelliseen Itseen, on niin tärkeää. Tulee varustautua oikeilla yhteyksillä ja kytkeytyä oikeisiin lähteisiin, jotta kaikki toimisi oikein ja tuottaisi oikean lopputuloksen. Henkisyyden kytkentäpiste ja alkulähde ovat sisimmässä. Liitä itsesi tuohon pisteeseen ja saat heti suoran ja välittömän kokemuksen.

Ego on vain pieni liekki

Amma: Ego on hyvin pieni liekki, jonka voi sammuttaa milloin tahansa.

Kysyjä: Miten kuvaat egoa tuossa yhteydessä?

Amma: Kaikki keräämäsi - nimi, maine, raha, valta, asema – on pelkkää polttoainetta egosi pienelle liekille, joka voidaan sammuttaa milloin tahansa. Jopa keho ja mieli ovat osa egoa. Ne ovat olemukseltaan katoavaisia, joten myös ne ovat tämän vähäpätöisen liekin osia.

Kysyjä: Amma, silti ne ovat tärkeitä asioita tavallisille ihmisille.

Amma: Tietenkin ne ovat tärkeitä tavalliselle ihmiselle, mutta tämä ei tarkoita, että ne olisivat ikuisia. Ne ovat arvottomia, koska ne ovat tilapäisiä. Saatat menettää ne milloin tahansa. Aika sieppaa ne ilman ennakkovaroitusta. Niiden käyttäminen ja niistä nauttiminen käy päinsä, mutta erehdyt, jos luulet niitä ikuisiksi. Toisin sanoen, yritä ymmärtää, että ne ovat väliaikaisia, älä ole niistä liian ylpeä.

Sisäisen yhteyden kehittäminen pysyvän ja muuttumattoman Jumalan kanssa eli Itsen kanssa, on elämässä kaikkein tärkeintä. Jumala on alkulähde, elämän ja olemisen todellinen keskus. Kaikki muu on toisarvoista. Saat avun todelliselta Itseltä, kun olet kokonaan vakiintunut Jumalaan, todelliseen keskukseen etkä toisarvoisiin sivuseikkoihin.

Kysyjä: Amma, saavutammeko mitään, kun sammutamme tämän pienen ego-liekin? Vastoin odotuksiamme, saatammekin kadottaa yksilöllisen minuutemme.

Amma: Toki, sammuttamalla egon pikkuisen liekin, kadotat yksilön pienen ja rajallisen minätunnon. Tämä ei ole mitään verrattuna siihen, mitä tuolla näennäisellä menetyksellä saavutat; puhtaan tiedon auringon, sammumattoman valon. Menettäessäsi pienen, rajallisen minätuntosi sulaudut suurimmasta suurimpaan, kaikkeuteen, ehdollistumattomaan tietoisuuteen. Jotta tuo kokemus tulisi todeksi, tarvitset *Satguru*n, (todellinen mestari) herkeämätöntä opastusta.

Kysyjä: Kadotanko minätuntoni? Sehän on kammottava kokemus, vai mitä?

Amma: Menetät vain pienen itsesi. Todellinen Itse ei voi koskaan tuhoutua. Se tuntuu pelottavalta, koska olet samastunut egoosi. Mitä suurempi ego, sitä pelokkaampi olet ja myös haavoittuvampi.

Uutisista

Toimittaja: Amma, mitä mieltä olet uutisista ja tiedotusvälineistä?

Amma: Erinomaista, jos ne kantavat vastuunsa yhteiskuntaa kohtaan ja toimivat rehellisesti ja totuudenmukaisesti. Silloin ne tekevät suuren palveluksen ihmiskunnalle.
Amma on kuullut seuraavan tarinan. Kerran lähetettiin ryhmä miehiä vuodeksi metsätyömaalle. Heille palkattiin kaksi naista keittäjiksi. Sopimuskauden päätyttyä työryhmän kaksi miestä avioitui näiden kahden naisen kanssa. Sanomalehdet julkaisivat seuraavana päivänä sensaatiouutisen: "Kaksi prosenttia miehistä ottaa vaimokseen 100 prosenttia naisista!"

Toimittajasta tarina oli hauska. Hän nauroi sydämensä pohjasta.

Amma: Tuollainen on paikallaan, jos sen tarkoitus on hauskuttaa, eikä olla totuudenmukainen selostus.

Suklaasuukko & sisäinen silmä

räs oppilas torkahteli yrittäessään meditoida. Amma heitti häntä kohden suklaamakeisen. Se oli täysosuma. Makeinen osui kulmakarvojen väliin. Mies säpsähti ja aukaisi silmänsä. Pidellen makeista kädessään hän tähyili ympärilleen saadakseen selville, mistä se oli lähtöisin. Nähdessään tämän Amma ratkesi nauramaan. Miehen oivaltaessa Amman heittäneen sen hänen kasvonsa kirkastuivat. Hän kosketti makeisella otsaansa kuin olisi kumartanut sille. Mutta seuraavassa hetkessä hän nauroi ääneen. Sitten hän nousi ylös ja käveli Amman luo.

Mies: Makeinen osui oikeaan kohtaan, henkiseen pisteeseen kulmakarvojen välissä. Ehkä tämä auttaa avaamaan kolmannen silmän.

Amma: Ei sitä tapahdu.

Mies: Miksi?

Amma: Siksi että sanoit "ehkä". Se tarkoittaa, että epäilet. Uskosi ei ole täydellinen. Miten se voi tapahtua, ellet usko?

Mies: Tarkoitatko, että se olisi tapahtunut, jos olisin todella uskonut?

Amma: Kyllä. Jos todella luotat, oivallus tapahtuu milloin tahansa, missä tahansa.

Mies: Aivan varmastiko?

Amma: Kyllä. Aivan varmasti.

Mies: Voi Luoja…menetin upean tilaisuuden!

Amma: Älä murehdi. Ole valpas ja tarkkaavainen, uusia mahdollisuuksia tulee. Ole kärsivällinen ja jatka ponnistelua.

Mies vaikutti hieman pettyneeltä. Hän kääntyi palatakseen takaisin istuimelleen.

Amma: (taputtaen häntä selkään) Muuten, miksi nauroit ääneen?

Kuullessaan kysymyksen mies remahti taas nauramaan.

Mies: Torkahdellessani meditaation lomassa, näin ihmeellisen unen. Näin, että heitit suklaasuukon herättääksesi minut. Heräsin välittömästi. Mutta kesti hetken ennen kuin tajusin, että olit todella heittänyt minua suklaamakeisella.

Miehen myötä Amma sekä kaikki lähellä olijat purskahtivat nauruun.

Mitä valaistuminen on

Kysyjä: Oletko erityisen huolestunut tai ilahtunut jostakin?

Amma: Amma on ulkoisesti huolissaan lastensa hyvinvoinnista. Koska hän on auttamassa lapsiaan kasvamaan henkisesti, hän saattaa olla joskus jopa iloinen tai huolestunut heidän vuokseen. Amma on kuitenkin sisäisesti häiriintymätön ja kiintymätön, pysyvässä autuuden ja rauhan tilassa. Millään ulkoisella tapahtumalla ei ole vaikutusta häneen, sillä hän on täysin tietoinen näytelmästä.

Kysyjä: Korkeimpaan tilaan vakiintunutta kuvaillaan hyvin monella laatusanalla. Esimerkiksi: järkähtämätön, luja, liikkumaton, muuttumaton jne. Kuulostaa kuin kyseessä olisi kiinteä kallio, järkäleen kaltainen tila. Amma, auttaisitko minua ymmärtämään paremmin.

Amma: Tuollaisia sanoja käytetään kuvailtaessa sisäistä kiintymättömyyden tilaa, voimaa olla havaitsija, kaiken silminnäkijä, voimaa etäännyttää itsensä kaikista elämän tilanteista.

Valaistuminen ei kuitenkaan ole järkähtämättömyyden tila, jossa menetetään kaikki syvemmät tunteet. Se on mielentila, henkinen saavutus, johon voit vetäytyä milloin haluat ja pysyä täysin siihen uppoutuneena. Ollessasi yhtyneenä energian äärettömään lähteeseen kykysi tuntea ja ilmaista kaikkea tavoittaa aivan erityisen, ylimaallisen kauneuden ja syvyyden. Valaistunut henkilö voi, niin halutessaan, ilmaista tunteitaan niin voimakkaasti kuin haluaa.

Sri Rama itki demonikuningas *Ravana*n ryöstettyä hänen pyhän puolisonsa *Sita*n. Itse asiassa hän vaikeroi, kuin tavallinen kuolevainen. Hän kysyi jokaiselta metsän olennolta: "Oletko nähnyt

Sitaani? Minne hän on mennyt ja jättänyt minut yksin?" *Krishna*n silmät täyttyivät kyynelistä hänen nähdessään, hyvin pitkän ajan jälkeen, rakkaan ystävänsä Sudaman. Vastaavanlaisia tapahtumia oli myös Kristuksen ja Buddhan elämässä. Nämä *Mahatma*t (Suuri Sielu) olivat yhtä äärettömiä kuin avaruus, siksi he, niin halutessaan, kykenivät heijastamaan, mitä tunnetta tahansa. He heijastivat, eivät reagoineet.

Kysyjä: Heijastivat?

Amma: Peilin tavoin Mahatmat vastaavat tilanteisiin täysin välittömästi. Kun sinulla on nälkä, vastaat syömällä. Jos syöt aina, kun näet ruokaa, se on reagointia. Se on myös sairasta. Mahatma toimii kussakin tilanteessa, kuin peili. Tapahtunut heijastuu hänessä, mutta ei vaikuta, ei jätä jälkeä häneen, ja niin hän vain siirtyy vapaana seuraavaan hetkeen

Eläytyminen tunteisiin, niiden rehellinen ilmaiseminen ja varaukseton jakaminen vain korostavat valaistuneen henkistä loistoa ja suurenmoisuutta. On väärin pitää sitä heikkoutena. Pikemminkin tämä tulisi nähdä myötäelämisen ja rakkauden ilmaisuna tavalla, joka ihmisten on helpompi tajuta. Miten muuten olisi tavallisen ihmisen mahdollista ymmärtää heidän rakkauttaan ja huolenpitoaan?

Näkijä

Kysyjä: Mikä estää meitä kokemasta Jumalaa?

Amma: Erillisyyden tunto.

Kysyjä: Miten voimme poistaa sen?

Amma: Tulemalla enemmän ja enemmän tietoiseksi, entistä tiedostavammaksi.

Kysyjä: Mistä tietoiseksi?

Amma: Tietoiseksi kaikesta, mitä tapahtuu sisimmässä ja ulkopuolella.

Kysyjä: Miten voi tulla tietoisemmaksi?

Amma: Olet tietoinen, kun ymmärrät, että kaikki mielen heijastama on vailla merkitystä.

Kysyjä: Amma, pyhät kirjoitukset sanovat, ettei mieli pysty vaikuttamaan. Kun sanot, että mieli heijastaa, se kuulostaa ristiriitaiselta. Miten mieli, joka ei pysty vaikuttamaan, voi heijastaa.

Amma: Aivan kuten ihmiset, erityisesti lapset, kuvittelevat taivaalle erilaisia hahmoja. Kun pikku lapset katselevat taivaalle, he sanovat: "Tuolla menee rattaat ja tuolla näkyy paholainen. Voi katso, näetkö taivaallisen olennon loistavat kasvot!" ja niin edelleen. Tarkoittaako tämä sitä, että nämä taivaalla näkyvät hahmot ovat todellisia? Ei tietenkään. Lapset vain kuvittelevat kaikenlaisia hahmoja taivaalle. Siellä on vain taivas, ääretön avaruus – kaikenlaiset nimet ja hahmot ovat mielikuvituksen luomia kuvajaisia, mielikuvituksen, joka tekee jostakin jotain muuta.

Kysyjä: Mutta jos mielellä ei ole kykyä vaikuttaa, miten on mahdollista, että se edes luo kuvia ja piilottaa *Atmanin* (Itse)?

Amma: Vaikka vaikuttaa siltä, että mieli näkee, todellinen näkijä on kuitenkin Atman. Mielen muodostavat ehdollistumat, kertymät, ovat kuin silmälasit. Jokaisella ihmisellä on tietyn väriset silmälasinsa. Niiden väri määrää, miten maailman näemme ja miten sen tuomitsemme. Näiden silmälasien tuolla puolen Atman pysyttelee kaikkea valaisevana läsnäolona, vaitonaisena tarkkailijana. Mutta me erehdymme luulemaan mieltä Atmaniksi, sieluksi. Olettakaamme, että käytämme vaaleanpunaisia aurinkolaseja. Emmekö silloin näe maailman vaaleanpunaisena? Kuka on tässä tapauksessa todellinen näkijä? Emmekö "me" ole todellisia näkijöitä ja silmälasit ovat vain eloton esine?

Emme näe aurinkoa, jos seisomme puun takana. Tarkoittaako se, että puu kykenee peittämään auringon? Ei tietenkään. Tämä yksinkertaisesti vain osoittaa, että silmämme ja näkökykymme on rajoittunut. Samasta syystä meistä tuntuu, että mieli peittää Atmanin.

Kysyjä: Jos Atman on todellisuutemme, miksi meidän pitäisi ponnistella, oppiaksemme tuntemaan sen?

Amma: Ihmisillä on väärä käsitys, että kaikki voidaan saavuttaa ponnistelemalla omin voimin. Yrittäminen on itse asiassa meidän ylpeyttämme. Matkallamme Jumalaan, kaikki egosta lähtöisin olevat ponnistelut murenevat ja johtavat epäonnistumiseen. Itse asiassa tämä on jumalallinen viesti armon ja antautumisen välttämättömyydestä. Lopulta se auttaa meitä oivaltamaan oman ponnistelumme, egomme rajallisuuden. Lyhyesti sanoen, ponnistelu opettaa meille, että pelkästään sen avulla emme saavuta päämääräämme. Viime kädessä ratkaiseva tekijä on armo.

Olkoon pyrkimyksenä Jumalan oivaltaminen tai maallisten halujen täyttymykset, lopputulos on armon varassa.

Viattomuus on
Jumalallista shaktia

Kysyjä: Onko viaton ihminen sama kuin heikko ihminen?

Amma: "Viattomuus" on erittäin väärin tulkittu sana. Sillä tarkoitetaan jopa passiivisuutta ja arkuutta. On yleistä, että tietämättömyyttä ja lukutaidottomuutta luullaan viattomuudeksi. Tietämättömyys ei ole viattomuutta. Tietämättömyys merkitsee aidon rakkauden, erottelukyvyn ja ymmärryksen puutetta, kun taas todellinen viattomuus on puhdasta rakkautta, joka sisältää erottelukyvyn ja ymmärtämyksen. Se on *shakti*a, jumalallista energiaa. Arassakin ihmisessä on ego. Aidosti viaton ihminen on todella egoton, siksi hän on kaikkein voimakkain ihminen.

Amma ei voi olla toisenlainen

Amma (eräälle naiselle darshanin aikana): Mitä ajattelet?

Nainen: Ihmettelen miten voit istua niin kauan, tunnista toiseen, täydellisen kärsivällisenä ja säteilevänä.

Amma (nauraen) Tyttäreni, kuinka voit ajatella lakkaamatta, ilman taukoa?

Nainen: Se vain tapahtuu. En voi olla toisenlainen.

Amma: Joten se on vastaus. Se vain tapahtuu, Amma ei voi olla toisenlainen.

179

Kuin tunnistaisit rakastettusi

Eräs mies esitti Ammalle kysymyksen antaumuksen polkua seuraavan etsijän, rakastaja – rakastettu asenteesta.

Amma: Rakkaus voi herätä missä ja milloin tahansa. Sitä voi verrata rakastetun tunnistamiseen väkijoukossa. Näet hänen seisovan tuhansien ihmisten joukossa, mutta silmäsi kohdistuvat vain ja pelkästään häneen. Huomaat hänet, puhut hänen kanssaan ja rakastut, eikö niin? Et ajattele – ajatukset pysähtyvät, ja yhtäkkiä, muutamassa hetkessä, olet sydämessä. Olet rakastunut. Henkiselle etsijälle kaikki tapahtuu samalla tavoin, sekunnin murto-osassa. Olet suoraan siellä, sydämesi keskuksessa, joka on puhdasta rakkautta.

Kysyjä: Jos se on rakkauden todellinen keskus, mikä saa meidät lähtemään ja eksymään tuosta pisteestä?

Amma: Omistushalu - toisin sanoen takertuminen. Se tappaa tuon puhtaan kauneuden tuntemuksen. Heti, kun takertuminen saa sinusta yliotteen, olet eksyksissä, ja silloin rakkaus muuttuu piinaksi.

Erillisyyden tunteesta

Kysyjä: Saavutanko *samadhi*n (valaistuminen) tämän elämän aikana?

Amma: Miksi et saavuttaisi?

Kysyjä: Mitä minun sitten tulisi tehdä kehitykseni vauhdittamiseksi?

Amma: Kaikkein ensimmäiseksi, unohda samadhi ja keskity täysin tekemään *sadhana*a (henkinen harjoitus), lujasti siihen luottaen. Todellinen *sadhaka* (henkinen etsijä), uskoo läsnä olevaan hetkeen enemmän kuin tulevaisuuteen. Kun uskomme ja luottamuksemme on läsnä olevassa hetkessä, silloin myös koko energiamme on läsnä olevassa hetkessä. Siitä seuraa antautuminen. Antaudu läsnä olevalle hetkelle ja se vain tapahtuu.

Kaikki tapahtuu itsestään, kun etäännyt mielestä. Heti sen tapahduttua olet täydellisesti läsnä olevassa hetkessä. Mieli on se "toinen" sinussa. Mieli luo tuon toiseuden tunteen.

Amma kertoo tarinan. Eli kerran suosittu arkkitehti. Hänellä oli useita oppilaita. Arkkitehdilla oli erääseen oppilaaseen hyvin epätavallinen suhde. Hän ei edennyt minkään työn suhteen, ennen kuin oli saanut vahvistuksen oppilaaltaan. Jos oppilas sanoi ei jollekin piirustukselle tai luonnokselle, arkkitehti luopui siitä välittömästi. Arkkitehti piirsi luonnoksen toisensa jälkeen, kunnes oppilas antoi hyväksymisensä. Oppilaan mielipide oli kehittynyt hänelle pakkomielteeksi. Hän ei edennyt askeltakaan, ennen kuin oppilas sanoi: "Herra arkkitehti, tuo käy päinsä; nyt voitte jatkaa tämän hahmotelman parissa."

Sitten heidät kutsuttiin suunnittelemaan temppelin ovia. Arkkitehti alkoi piirtää erilaisia hahmotelmia. Hän näytti, kuten aina, niistä jokaisen oppilaalleen. Oppilas sanoi aina: "ei." Arkkitehti työskenteli yöt ja päivät hahmotellen satoja luonnoksia. Mutta oppilas ei pitänyt yhdestäkään. Määräaika oli päättymässä, ja heidän oli saatava työ nopeasti valmiiksi. Sattui niin, että arkkitehti lähetti oppilaan täyttämään mustekynänsä. Kesti jonkin aikaa, ennen kuin oppilas palasi takaisin. Sillä aikaa arkkitehti oli täysin uppoutunut uuden mallin suunnitteluun. Juuri kun oppilas tuli huoneeseen, arkkitehti sai sen valmiiksi ja näytti sitä oppilaalleen kysyen: "Mitä tästä sanot?"

"Kyllä. Tuo on juuri se!", sanoi innostunut oppilas.

"Nyt tiedän miksi!", vastasi arkkitehti. "Tähän asti sinun mukanaolosi ja mielipiteesi ovat olleet minulle pakkomielle. Siksi en koskaan kyennyt olemaan 100 prosenttisen läsnä siinä, mitä tein. Kun poistuit, olin vapaa, rentoutunut ja antauduin läsnä olevalle hetkelle. Sillä tavalla se tapahtui."

Todellisuudessa esteenä ei kuitenkaan ollut oppilaan läsnäolo, vaan arkkitehdin takertuminen hänen mielipiteeseensä. Kun hän nyt kykeni ottamaan välimatkaa, hän oli yhtäkkiä läsnä olevassa hetkessä, ja todellinen luovuus tuli esiin.

Olettaessasi samadhin olevan jotain tulevaisuudessa tapahtuvaa, jäät istumaan ja unelmoimaan siitä. Kulutat paljon *shakti*a (jumalallinen energia) samadhista haaveilemiseen. Kanavoi tuo shakti oikein – käytä sitä keskittyäksesi tähän hetkeen – ja meditaatio tai samadhi tapahtuu luonnollisesti, itsestään. Päämäärä ei ole jossakin tulevaisuudessa, se on tässä ja nyt. Läsnäolo on jo sinänsä samadhi ja se on todellista meditointia.

Onko Jumala mies vai nainen?

Kysyjä: Amma, onko Jumala mies vai nainen?

Amma: Jumala ei ole mies, eikä nainen. Hän on tuollaisten rajoittavien määritysten tuolla puolen. Jumala on "Se" tai "Tuo". Mutta jos välttämättä haluat määritellä Jumalan mieheksi tai naiseksi, on parempi sanoa, että hän on nainen, koska hän sisältää miehen. (Englanniksi "she" on nainen ja "he" on mies! suom. huom.)

Kysyjä: Tällainen vastaus saattaa ärsyttää miehiä, sillä se asettaa naiset korkeammalle jalustalle.

Amma: Sen paremmin miestä, kuin naistakaan ei tulisi korottaa jalustalle, sillä Jumala on antanut heille molemmille oman upean paikkansa. Miehiä ja naisia ei ole tarkoitettu kilpailemaan keskenään, vaan täydentämään toinen toistensa elämää.

Kysyjä: Mitä "täydentäminen" tarkoittaa?

Amma: Se tarkoittaa toistensa tukemista ja yhteistä matkaa täydellisyyteen.

Kysyjä: Amma, arveletko, että monet miehet tuntevat ylemmyyttä naisia kohtaan?

Amma: Tunteet "minä olen ylempi" tai minä olen alempi" ovat kumpikin egon luomuksia. Jos miehet tuntevat, "me olemme naisten yläpuolella", se vain osoittaa heidän egonsa yletöntä pöyhkeyttä, mikä on ehdottomasti erittäin suuri ja myös tuhoisa heikkous. Jos naiset puolestaan ajattelevat olevansa miesten alapuolella, se tarkoittaa: "Me olemme alempiarvoisia, mutta haluamme olla yläpuolella." Mitä muuta se on kuin egoa. Molemmat ovat aiheettomia ja haitallisia asenteita, jotka etäännyttävät miehet ja naiset toisistaan. Ellemme kavenna kuilua osoittamalla asianmukaista kunnioitusta ja rakkautta puolin ja toisin, ihmiskunnan tulevaisuus vain synkkenee synkkenemistään.

Henkisyys luo tasapainon

Kysyjä: Amma, kun sanoit, että Jumala on enemmän nainen kuin mies, et kai tarkoittanut ulkoista olemusta, vai tarkoititko?

Amma: Ei. Kyseessä ei ole ulkoinen olemus. Olennaista on sisäinen oivaltaminen. Jokaisen miehen sisimmässä on nainen ja päinvastoin. Naisen miehessä – todellisen rakkauden ja myötätunnon– olisi herättävä. Sitä *Ardhanarishwara* (puoliksi jumala ja jumalatar) edustaa hinduismissa. Jos naisessa feminiininen olemuspuoli uinuu, hänestä puuttuu äitiys, ja hän on erossa Jumalasta. Jos tuo olemuspuoli on hereillä miehessä, hänessä on enemmän äitiyttä ja hän on lähempänä Jumalaa. Tämä pätee yhtä hyvin maskuliiniseen olemuspuoleen. Kaiken kaikkiaan henkisyyden tarkoitus on saattaa keskinäiseen tasapainoon maskuliinisuus ja feminiinisyys. Näin ollen sisäisen tiedostamisen herääminen on tärkeämpää, kuin ulkoinen olemus.

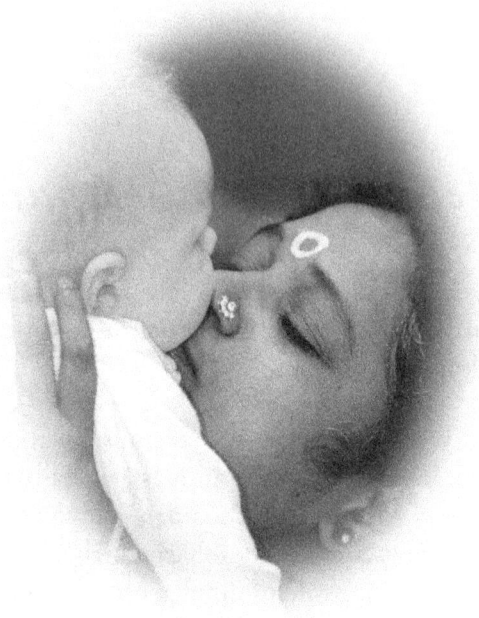

Kiintymys & rakkaus

K eski-ikäinen mies kertoo Ammalle avioeron jälkeisestä surustaan.

Kysyjä: Amma, rakastin häntä hyvin paljon ja tein parhaani, että hän olisi ollut onnellinen, mutta siitä huolimatta elämässäni tapahtui tämä murhenäytelmä. Joskus tunnen itseni täysin murtuneeksi. Ole kiltti ja auta minua. Mitä minun pitäisi tehdä? Miten voin päästä irti tästä kärsimyksestä?

Amma: Poikani, Amma ymmärtää tuskaasi ja kärsimystäsi. On vaikeaa päästä sellaisen musertavan kokemuksen yli. On kuitenkin tärkeää myös ymmärtää perin pohjin se, mitä koet, erityisesti, koska siitä on tullut elämäsi kompastuskivi.

Nyt on kaikkein tärkeintä miettiä, johtuuko tuo surusi todellisesta rakkaudesta vai takertumisesta, riippuvaisuudesta. Todelliseen rakkauteen ei liity mitään tuhoisaa kärsimystä, koska yksinkertaisesti vain rakastat, et omista toista. Luultavasti olet liian takertunut häneen tai olet liian omistushaluinen. Siitä ovat peräisin surusi ja masennuksesi.

Kysyjä: Onko yksinkertaista menetelmää tai keinoa, millä vapautuisin tästä kiduttavasta kärsimyksestä?

Amma: "Olenko todella rakastunut vai olenko liian takertunut? Paneudu tähän kysymykseen, niin syvästi, kuin suinkin pystyt. Tutkiskele sitä. Tulet pian huomaamaan, että tuntemasi rakkaus onkin todellisuudessa takertumista. Useimmat ihmiset kaipaavat kiintymistä, eivät todellista rakkautta. Siksi Amma sanoisi, että se on harhaunelma. Tavallaan petämme itseämme. Erehdymme luulemaan kiintymystä rakkaudeksi. Rakkaus on keskus ja kiintyminen on sen laitailmiö. Pysyttele keskuksessa ja vetäydy pois äärilaidalta. Kärsimyksesi menee silloin menojaan.

Kysyjä: (katuen) Olet oikeassa. Tajuan, että voimakkain tunteeni entistä vaimoani kohtaan ei ole rakkautta, vaan takertumista, aivan kuten kuvailit.

Amma: Jos olet oivaltanut kärsimyksesi perussyyn, päästä se menemään ja olet vapaa. Sairaus on määritelty, tulehdus löydetty – nyt voit sen poistaa. Miksi haluat kantaa tuota turhaa taakkaa? Heitä se vain pois.

Miten päästä elämän vaaratilanteiden yli

Kysyjä: Amma, miten havaitsen elämän vaaratilanteiden lähestymisen?

Amma: Lisäämällä havainto- ja arvostelukykysi voimaa.

Kysyjä: Onko havainto- ja arvostelukyky mielen herkkyyttä?

Amma: Se on mielen kykyä olla valppaana läsnä olevassa hetkessä.

Kysyjä: Mutta Amma, miten se voi varoittaa minua tulevista vaaroista?

Amma: Jos olet valppaana läsnä nykyhetkessä, kohtaat tulevaisuudessa vähemmän vaaroja. Et kuitenkaan voi torjua tai välttää kaikkia ongelmia.

Kysyjä: Auttaako *jyotish* (vedinen astrologia) ymmärtämään tulevaisuutta paremmin ja siten välttämään mahdolliset vaaratilanteet?

Amma: Tuon alan asiantuntijatkin käyvät elämässään läpi vaikeita jaksoja. On astrologeja, joilla on hyvin vähän arvostelukykyä ja intuitiota. Sellaiset ihmiset vaarantavat paitsi omansa, myös toisten elämän. Astrologian tuntemus tai astrologisen kartan tulkitseminen, ei ohjaa turvaan elämän vaaroilta. Elämän syvällisempi ymmärtäminen ja arvostelukykyinen suhtautuminen erilaisiin tilanteisiin, auttaa todella pysymään levollisempana ja välttymään enemmiltä ongelmilta.

Kysyjä: Onko arvostelukyky ja ymmärtäminen yksi ja sama asia?

Amma: Kyllä. Ne ovat sama. Mitä parempi arvostelukyky, sitä enemmän alat ymmärtää ja päinvastoin.

Mitä täydemmin kykenet olemaan läsnä, sitä tarkkaavaisemmaksi tulet ja sitä enemmän sinulle paljastuu. Saat enemmän jumalallisia viestejä. Saat niitä joka hetki. Jos olet avoin ja vastaanottava, voit tunnistaa ne.

Kysyjä: Amma, tarkoitatko, että nämä ilmoitukset auttavat meitä tunnistamaan tulevia vaaraoja?

Amma: Kyllä. Sellaisista ilmoituksista saat vihjeitä ja ennusmerkkejä.

Kysyjä: Mitä vihjeitä ja merkkejä?

Amma: Miten tiedät migreenin olevan tulossa? Tunnetko olosi hyvin epämukavaksi ja näetkö mustia renkaita silmiesi edessä? Oireiden ilmaannuttua, otat niihin tehoavaa lääkettä. Elämässä tapahtuu samalla tavalla. Ennen epäonnistumista tai vaaratilannetta, ilmaantuu tietynlaisia ennusmerkkejä. Yleensä ne jäävät ihmisiltä huomaamatta. Jos mielesi on kuitenkin selkeä ja avoin, voit aavistaa ne ja ryhtymällä tarvittaviin toimenpiteisiin, säästyt niiltä.

Amma on kuullut seuraavan tarinan. Toimittaja haastatteli menestyvää liikemiestä. Hän kysyi: "Olisitteko hyvä ja kertoisitte, mikä on menestyksenne salaisuus?"

Liikemies: "Kaksi sanaa."

Toimittaja: "Mitkä ne ovat?"

Liikemies: "Oikeat päätökset."

Toimittaja: "Miten teette oikeita päätöksiä?"

Liikemies: "Yksi sana."

Toimittaja: "Mikä se on?"

Liikemies: "Kokemus."

Toimittaja: "Miten olette hankkinut sellaisen kokemuksen?"

Liikemies: "Kaksi sanaa."

Toimittaja: "Mitkä ne ovat?"

Liikemies: "Väärät päätökset."

Poikani, huomaatko, kaikki riippuu siitä, miten hyväksyt, ymmärrät tilanteet ja antaudut niihin.

Amma kertoo sinulle toisen tarinan: Yudhishthira oli kutsunut Kauravat vierailemaan Pandavien[2] kuninkaallisessa pääkaupungissa Indraprasthassa. Koko tienoo oli suunniteltu ja toteutettu niin taidokkaasti, että jotkut alueet näyttivät kauniilta järviltä, vaikka ne todellisuudessa olivatkin tavallista maata. Vastaavasti siellä näytti jossakin olevan tavallista maata, mutta siinä olikin vedellä täytetty uima-allas. Koko alueella hallitsi epätodellinen ilmapiiri. Kun Duryodhana, Kauravien vanhin, opasti 100 veljeään kauniin puutarha-alueen poikki, he melkein riisuutuivat olettaen tulleensa uima-altaalle. Se oli kuitenkin tavallista maata, joka näytti uima-altaalta. Myöhemmin kaikki veljekset Duryodhana mukaan lukien, mätkähtivät aivan tavalliselta maalta näyttävään uima-altaaseen ja kastuivat likomäräksi. Panchali, viiden Pandava-veljen vaimo, purskahti nauruun huvittavan kohtauksen nähdessään. Se loukkasi Duryodhanaa ja hänen veljiään tavattomasti.

---

[2] Pandavat ja Kauravat olivat Mahabharatan (pyhimys Vyasan kirjoittama intialainen eepos) sodan vastakkaiset osapuolet.

Tämä oli eräs tärkeimmistä Kauravien vihan ja kostonhalun laukaisseista tapahtumista, joka omalta osaltaan johti myöhemmin hirvittävän hävityksen aiheuttaneeseen *Mahabharatan* (pyhimys Vyasan kirjoittama intialainen eepos) sotaan.

Kertomus on erittäin huomionarvoinen. Kohtaamme myös omassa elämässämme monia tilanteita, jotka vaikuttavat todella vaarallisilta. Niinpä varaudumme niihin monin tavoin. Mutta monesti ne kuitenkin saattavat osoittautua varsin harmittomiksi. Sen sijaan jotkut tilanteet voivat näyttää täysin vaarattomilta, mutta loppujen lopuksi osoittautuvatkin erittäin hankaliksi. Mikään ei ole merkityksetöntä. Siksi on tärkeää, että meillä on *shraddha*a (terävä erottelukyky, valppaus ja tiedostava huomiointi) elämämme vaihtelevissa tilanteissa.

Älä ahnehdi Jumalan omaisuutta

Kysyjä: Onko varallisuuden kerääminen ja omistaminen syntiä?

Amma: Jos olet myötätuntoinen, niin se ei ole syntiä. Toisin sanoen, sinun tulee olla halukas jakamaan köyhille ja hädänalaisille.

Kysyjä: Muuten?

Amma: Muuten se on syntiä.

Kysyjä: Miksi?

Amma: Koska kaikki täällä oleva kuuluu Jumalalle. Meidän omistussuhteemme on tilapäistä; se tulee ja menee.

Kysyjä: Mutta eikö Jumala halua meidän käyttävän kaikkea hänen meitä varten luomaansa?

Amma: Tietenkin, mutta Jumala ei halua, että käytämme sitä väärin. Jumala haluaa myös, että käytämme arvostelukykyä iloitessamme ja nauttiessamme kaikesta hänen luomastaan.

Kysyjä: Mitä arvostelukyky tarkoittaa?

Amma: Arvostelukyky on tiedon soveltamista niin, ettei se vie harhaan. Toisin sanoen arvostelukykyä on se, että tiedon avulla kykenemme näkemään eron *dharman* ja *adharman* (oikeudenmukaisuus ja epäoikeudenmukaisuus), ikuisen ja ei-ikuisen välillä.

Kysyjä: Miten sitten maallisia hyödykkeitä voi käyttää arvostelukykyisesti?

Amma: Luovu omistussuhteesta ja ajattele kaiken kuuluvan Jumalalle, niin voit nauttia kaikesta. Tämä maailma on väliaikainen pysähdyspaikka. Olet täällä vierailemassa hetken aikaa. Tietämättömyydestäsi johtuu, että ositat kaiken, mittaat millimetrin tarkasti jokaisen maapalasen ja sanot: "Tämä kuuluu minulle ja tämä muille." Maapalanen, jota väität omaksesi, on aikaisemmin kuulunut monille muille. Aikaisempi omistaja on nyt haudattu jonnekin. Saattaa olla sinun vuorosi näytellä nyt omistajaa, mutta muista, että myös sinä katoat eräänä päivänä ja paikallesi tulee joku toinen. Mitä mieltä on vaatia omistusoikeutta johonkin?

Kysyjä: Mitä osaa minun oletetaan täällä näyttelevän?

Amma: Ole Jumalan palvelija. Jumala, kaiken antaja haluaa, että osallistut hyödyntämään Hänen rikkauksiaan yhdessä, kaikkien muiden kanssa. Jos se on kerran Jumalan tahto, kuka olet varastoimaan sitä itsellesi. Jos vastoin Jumalan tahtoa kieltäydyt jakamasta, se on ahnehtimista, ja sitä voi verrata varastamiseen. Joten koe olevasi tässä maailmassa vain vierailija.

Kerran eräs mies tuli tapaamaan Mahatmaa. Kun talossa ei näkynyt huonekaluja, eikä koriste-esineitä, mies kysyi tältä suurelta sielulta: "Näyttää oudolta. Miksi täällä ei ole huonekaluja?"

"Kuka sinä olet?", kysyi Mahatma.

"Olen vierailija", mies vastasi.

"Niin minäkin", sanoi Mahatma. "Eikö näin ollen ole järjetöntä keräillä tavaroita?

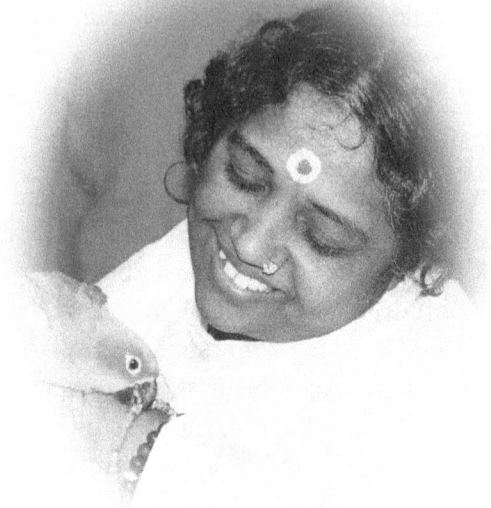

Amma & luonto

Kysyjä: Mikä on suhteesi luontoon?

Amma: Amman yhteys luontoon ei ole suhde; se on täydellinen *ykseys*. Joka rakastaa Jumalaa, rakastaa myös luontoa, sillä Jumala ja luonto eivät ole toisistaan erillisiä. Kerran saavutettuasi valaistumisen tilan, olet yhtä koko maailmankaikkeuden kanssa. Amman suhde luontoon ei ole rakastajan tai rakastetun suhde – siinä on vain rakkaus. Siinä ei ole kahta, on vain yksi, on vain rakkaus.

Yleensä ihmissuhteista puuttuu todellinen rakkaus. Tavallisessa rakkaussuhteessa on kaksi tai paremminkin kolme – rakastaja, rakastettu ja rakkaus. Aidossa rakkaudessa rakastaja ja rakastettu katoavat, ja jäljelle jää puhdas, ilman odotuksia oleva, ehjä ja varaukseton rakkauden kokemus.

Kysyjä: Mitä luonto merkitsee ihmiselle?

Amma: Luonto merkitsee ihmiskunnalle elämää. Se on olemassaolomme ehdoton edellytys. Se on keskinäinen suhde, joka toimii koko ajan ja joka tasolla. Me emme ole ainoastaan täysin riippuvaisia luonnosta, vaan vaikutamme siihen ja se vaikuttaa meihin. Jos todella ja aidosti rakastamme luontoa, se vastaa rakkaudella ja avaa loputtomat rikkaudenlähteensä meille. Aivan samoin kuin rakastamme toista ihmistä uskollisesti, myös rakkautemme luontoa kohtaan tulisi olla samalla tavoin äärettömän uskollista, kärsivällistä ja myötäelävää.

Kysyjä: Onko tämä suhde vaihtokauppaa vai onko se keskinäistä vuorovaikutusta?

Amma: Se on molempia, jopa enemmän. Luonto jatkaa joka tapauksessa olemassaoloaan ilman ihmistä. Se tietää miten huolehtia itsestään. Mutta ihmiskunnalle luonnon tuki on olemassaolon kannalta välttämätön.

Kysyjä: Mitä tapahtuu, jos luonnon ja ihmisen vuorovaikutus on täydellistä?

Amma: Luonto lakkaa kätkemästä asioita meiltä. Se paljastaa meille valtaisat rikkautensa ja antaa meidän nauttia siitä kaikesta. Aivan kuten äiti, se suojelee, ravitsee ja hoivaa meitä.

Ihmisen ja luonnon välisessä täydellisessä suhteessa syntyy ympyrän muotoinen energiakenttä, jossa molemmat alkavat virrata toinen toisiinsa. Toisin sanoen, kun ihminen rakastuu luontoon, luonto rakastuu meihin.

Kysyjä: Mistä johtuu, että ihmiset toimivat niin julmasti luontoa kohtaan? Johtuuko se itsekkyydestä vai ymmärtämättömyydestä?

Amma: Molemmista. Itse asiassa se johtuu itsekkäänä toimintana ilmenevästä ymmärtämättömyydestä.

Pohjimmiltaan se on tietämättömyyttä. Tietämättömyydestä johtuen ihmiset luulevat, että luonto on vain paikka, josta voi jatkuvasti ottaa antamatta mitään. Useimmat ihmiset ymmärtävät vain riistäjän kieltä. Äärimmäisessä itsekkyydessään he eivät kykene ottamaan huomioon edes kanssaihmisiä. Nykypäivänä suhteemme luontoon on vain sisäistämämme itsekkyyden jatke.

Kysyjä: Amma, mitä tarkoitat toisten huomioon ottamisella?

Amma: Amma tarkoittaa toisten huomioon ottamisella myötäelämistä. Toisten huomioimisessa - luonnon tai ihmisten - ensimmäinen ja tärkein kehitettävä ominaisuus on syvä yhteys sisimmässäsi olevaan ykseystietoisuuteen. Se tarkoittaa itse asiassa kykyä, nähdä toiset omana itsenäsi. Katsoessasi peiliin näet kuvasi siinä. Aivan samoin kuin näet kuvasi peilissä, näet toiset itsenäsi. Heijastat toisia, heijastat heidän tunteitaan sekä onnea että surua. Tällaista kykyä meidän on kehitettävä suhteessamme luontoon.

Kysyjä: Tämän maan alkuperäiset asukkaat olivat intiaaneja. He palvoivat luontoa ja heillä oli syvä yhteys siihen. Mitä arvelet, tulisiko meillä olla samanlainen suhde luontoon?

Amma: Mitä jokaisen tulee tehdä, riippuu itse kunkin henkisestä rakenteesta. Luonto on kuitenkin osa elämää, osa elämän kokonaisuutta. Luonto todella on Jumala. Luonnon rakastaminen on Jumalan rakastamista.

Govardhana vuorta palvomalla, Krishna antoi meille suurenmoisen opetuksen; tehdä luonnon palvonnasta osa päivittäistä elämää. Hän pyysi ihmisiä palvomaan Govardhana vuorta, koska se suojeli heitä. Rama teki samoin ennen kuin rakensi meren yli johtavan sillan. Hän harjoitti kolme päivää ankaraa itsekuria meren lepyttämiseksi. Myös Mahatmat pitävät luontoa hyvin suuressa arvossa ja kunnioittavat sitä. He pyytävät luontoa antamaan siunauksensa, ennen kuin ryhtyvät mihinkään toimintaan. Intiassa on temppeleitä, jotka on omistettu linnuille, eläimille, puille, jopa liskoille ja myrkyllisille käärmeille. Tämä perinne painottaa ihmisen ja luonnon välisen vuorovaikutuksen suurta merkitystä.

Kysyjä: Amma, voisitko neuvoa miten ihmisen ja luonnon välinen vuorovaikutus palautuisi?

Amma: Olkaamme myötätuntoisia ja huomaavaisia. Ottakaamme luonnosta vain se, mitä välttämättä tarvitsemme ja yrittäkäämme myös palauttaa se jossakin määrin takaisin. Koska vain antamalla saamme. Siunaus on jotain, joka palautuu meille samalla tavalla, kuin itse johonkin suhtaudumme. Jos lähestymme luontoa rakastavasti ja arvostaen, pitämällä sitä elollisena, Jumalana, oman olemassaolomme osana, silloin se palvelee meitä parhaimpana ystävänä, johon voimme aina luottaa, joka ei koskaan petä meitä. Mutta jos suhtaudumme väärin, silloin sen sijaan, että luonto vastaisi siunaamalla, sen palaute on päinvastainen. Mikäli emme pidä luonnosta hyvää huolta, se kääntyy ihmiskuntaa vastaan ja seuraukset saattavat olla tuhoisat.

Monia kauniita Jumalan luomuksia on jo tuhoutunut, seurauksena luonnon törkeästä hyväksikäytöstä ja piittaamattomuudesta sitä kohtaan. Mikäli jatkamme edelleenkin tällaista toimintaa, se merkitsee tuhon tien kiveämistä.

Sanjaasa, ihmisenä
olemisen huippu

Kysyjä: Mitä sanjaasa tarkoittaa?

Amma: *Sanjaasa* on ihmisenä olemisen huippu. Se merkitsee inhimilliseksi syntymisen täyttymystä.

Kysyjä: Onko sanjaasa mielentila, vai onko se jotain muuta?

Amma: Sanjaasa on molempia. Se on mielentila, ja "ei-mielen" tila.

Kysyjä: Amma, miten kuvailisit tuota tilaa...tai mitä se sitten onkin?

Amma: Kun jopa maallisia elämyksiä on vaikea selittää, miten voidaan selittää sanjaasaa, kokemisen korkeinta muotoa. Siinä tilassa olevalla on täydellinen sisäinen valinnan vapaus.

Kysyjä: Amma, tiedän, että kysyn liian paljon, mutta mitä tarkoittaa "sisäinen valinnan vapaus?"

Amma: Ihminen on ajatustensa orja. Mieli on vain ajatusten jatkuvaa virtaamista. Näin ajatusten luoma paine tekee teistä ulkoisten tilanteiden avuttomia uhreja. Ihmisessä on loputtomasti ajatuksia ja tunteita, sekä herkkiä että karkeita. Koska useimmat ihmiset eivät kykene olemaan kyllin tarkkanäköisiä erottaakseen hyvän huonosta, hyödyllisen tuhoisasta, he hairahtuvat helposti arveluttavien mielijohteiden ansaan ja samastuvat kielteisiin tunteisiin. Korkeimmassa tilassa, sanjaasassa, on mahdollista valita samastuuko vai onko samastumatta kulloiseenkin tunteeseen ja ajatukseen. Voit valita hyväksytkö vai hylkäätkö ajatuksen, tunteen ja tietyn tilanteen. Jopa valitessasi samastumisen sinulla on vapaus vetäytyä ja lähteä eteenpäin milloin vain haluat. Tämä on todellista ja täydellistä vapautta.

Kysyjä: Mitä sanjaasien käyttämä okran värinen vaate tarkoittaa?

Amma: Se viittaa sisäiseen tavoitteeseen eli päämäärään, jonka haluat saavuttaa. Se on myös merkki siitä, ettet ole enää kiinnostunut maallisista saavutuksista. Se on avoin julistus, että olet pyhittänyt elämäsi Jumalalle ja *Itsen* oivaltamiselle. Se tarkoittaa, että kehosi ja mielesi palavat *vairagyan* (takertumaton) liekissä ja ettet enää kuulu mihinkään tiettyyn kansakuntaan, kastiin, rotuun, lahkoon tai uskontoon. Sanjaasa ei tietenkään tarkoita vain pukeutumista värilliseen kaapuun.

Vaate on pelkkä symboli, joka viittaa olemisen tilaan, transsendenttiseen tilaan. Sanjaasa on sisimmässäsi tapahtunut muutos suhteessa elämään ja siihen, miten sen kohtaat. Sinusta tulee täydellisen egoton. Silloin et enää kuulu itsellesi, vaan maailmalle ja elämästäsi on tullut lahja ihmiskunnan palvelukseen. Silloin et enää odota etkä vaadi keneltäkään mitään. Todellisessa sanjaasan tilassa sinusta tulee ennemminkin *läsnäolo* kuin persoona.

Tilaisuudessa, jossa oppilas saa mestarilta sanjaasan, oppilas katkaisee pienen hiustupsun, joka hänellä on aina ollut takaraivossa. Sitten oppilas heittää sekä hiustupsun että pyhän langan[3] pyhitettyyn tuleen. Tämä on vertauskuva, joka ilmentää niin vapautumista kaikista kehoon, mieleen ja älyyn kohdistuvista takertumisista kuin luopumista nautinoista, nyt ja vastedes.

Sanjaasin edellytetään kasvattavan pitkät hiukset tai ajavan päänsä paljaaksi. Entisinä aikoina sanjaasit antoivat hiustensa takkuuntua. Tämä osoitti välinpitämättömyyttä kehoa kohtaan. Et ole enää kiinnostunut kehon kauneudesta, sillä todellinen kauneus paljastuu *Atman*in (Itse) kokemisen myötä. Keho muuttuu ja kato-

---

[3] Muodostuu kolmesta langasta, *yajnopavitam* kulkee kehon yli symboloiden velvollisuuksia perhettä, yhteiskuntaa ja *Guru*a kohtaan.

aa. Onko mielekästä takertua kehoon, kun todellinen luontosi on muuttumaton ja kuolematon Itse?

Kaikki suru ja kärsimys syntyy takertumisesta katoavaan kehoon. Sanjaasi on oivaltanut tämän suuren totuuden - ulkoisen maailman tilapäisyyden ja tietoisuuden ikuisen luonnon, josta kaikki kauneus ja lumo on peräisin.

Todellinen sanjaasa ei ole annettavissa, se on oivaltamista ja toteuttamista.

Kysymys: Onko kyse saavuttamisesta?

Amma: Teit jo saman kysymyksen. Sanjaasa on kaikkien *sadhana*ksi (henkinen harjoitus) kutsuttujen harjoitusten huipentuma.

Katsos, me voimme saavuttaa vain sen, mikä ei ole meidän, mikä ei ole osa meistä. Sanjaasan tila on olemuksemme ydin, se mitä me todella olemme. Ennen kuin olet oivaltanut sen, voit kutsua sitä saavuttamiseksi; mutta heti kun todellinen tieto syttyy, käsität että sinä olet todella se ja ettet ole siitä koskaan erillään ollutkaan – etkä koskaan voikaan olla.

Kyky tietää - kuka olen, on jokaisen sisimmässä. Olemme unohduksen tilassa. Jonkun tulisi muistuttaa meitä tästä äärettömästä sisäisestä voimasta.

On esimerkiksi ihminen, joka ansaitsee elantonsa kerjäämällä. Eräänä päivänä hänen luokseen tulee vieras joka sanoo: "Hei, mitä sinä täällä puuhastelet? Et ole kerjäläinen, etkä mikään kulkuri. Olet monimiljonääri."

Kerjäläinen ei usko muukalaista ja lähtee tiehensä hänestä mitään piittaamatta. Muukalainen on kuitenkin rakastavan sinnikäs. Hän seuraa kerjäläistä ja sanoo tälle: "Luota minuun. Olen ystäväsi ja haluan auttaa sinua. Olen kertonut sinulle totuuden. Olet todellakin rikas ja omistamasi aarre on totta puhuen aivan lähelläsi."

Kerjäläisen uteliaisuus on nyt herännyt ja hän kysyy: "Onko se totta? Missä?"

"Juuri oman majasi sisällä", vastaa muukalainen. Riittää kun kaivat hieman ja se on ikuisesti omasi."

Nyt kerjäläinen ei halua tuhlata hetkeäkään. Hän palaa kotiin välittömästi ja kaivaa aarteen esiin.

Muukalainen tarkoittaa tässä todellista mestaria, joka antaa meille oikean tiedon ja vakuuttaa, taivuttelee ja innostaa meitä kaivamaan esiin sen suunnattoman arvokkaan aarteen, joka on kätkössä sisimmässämme. Elämme unohduksen tilassa. *Guru* (mestari) auttaa meitä tunnistamaan, keitä todella olemme.

On vain yksi dharma

Kysyjä: Onko useita dharmoja?

Amma: Ei. On vain yksi *dharma* (oikeamielisyys ja velvollisuus).

Kysyjä: Mutta ihmiset puhuvat erilaisista dharmoista?

Amma: Tämä johtuu siitä, etteivät ihmiset näe, että on vain yksi todellisuus. He näkevät vain moneuden, erilaiset nimet ja muodot. Itse kunkin *vasan*oista (ehdollistuma) johtuen voi katsoa, että on olemassa enemmän kuin yksi dharma. Esimerkiksi muusikko saattaa sanoa, että musiikki on hänen dharmansa. Liikemies vastaavasti toteaa, että liiketoiminta on hänen dharmansa. Hyvä niin, mutta mikään niistä ei kuitenkaan anna ehdotonta tyydytystä. Absoluuttisen täyttymyksen antaa vain todellinen dharma. Mitä tehnetkin, jollet ole tyytyväinen itseesi, rauha väistelee sinua ja tunne "jotain puuttuu" jatkuu sinnikkäästi. Ainutkaan maallinen saavutus ei poista tuota tyhjyyden tunnetta. Jokaisen on löydettävä sisimmästään keskuksensa, jotta tämä täyttymyksen tunne viriäisi. Tämä on todellista dharmaa. Siihen saakka kierrät loputonta kehää, etsien rauhaa ja iloa.

Kysyjä: Jos onnistuu seuraamaan dharmaa oikein, tuoko se, sekä materiaalista vaurautta, että henkistä kasvua?

Amma: Kyllä. Jos dharmaa toteutetaan sen varsinaisessa mielessä, se auttaa ehdottomasti saavuttamaan molemmat.

Demonikuninkaalla, Ravanalla, oli kaksi veljeä, Kumbhakarna ja Vibhishana. Kun Ravana sieppasi Sitan, Raman pyhän puolison, Ravanan veljet varoittivat häntä tuhoisista seurauksista ja kehottivat häntä palauttamaan Sitan Ramalle. Ravana torjui jyrkästi kaikki heidän vetoomuksensa ja julisti lopulta sodan Ramaa vastaan. Vaikka Kumbhakarna tiesi vanhemman veljensä tehneen väärin, hän taipui lopulta veljensä tahtoon, koska oli kiintynyt veljeensä ja rakasti demonisukuaan.

Vibhishana puolestaan oli hyvin oikeamielinen ja hurskas. Hän ei voinut hyväksyä veljensä *adharm*ista (epäoikeudenmukainen) käyttäytymistä ja ilmaisi toistuvasti syvän huolensa yrittäen muuttaa veljensä suhtautumistapaa. Ravana ei koskaan hyväksynyt, ei ottanut edes huomioon veljensä näkemyksiä. Hän ei kallistanut niille korvaansakaan. Loppujen lopuksi, suunnattomassa itsekeskeisyydessään, Ravana raivostui nuorimmalle veljelleen tämän sinnikkään vastarinnan vuoksi ja karkotti hänet maasta. Vibhishana etsiytyi turvaan Raman luokse. Sitä seuranneessa sodassa Ravana ja Kumbhakarna saivat surmansa ja Sita saatiin takaisin. Ennen paluutaan kotimaahansa Ayodhyaan, Rama kruunasi Vibhishanan Lankan kuninkaaksi.

Kolmesta veljestä Vibhishana oli ainoa, joka kykeni tasapainottamaan maallisen ja henkisen dharmansa. Hän onnistui siinä siksi, että hänellä oli henkisyys koko ajan etusijalla, jopa hänen hoitaessaan maallisia velvollisuuksiaan eikä päinvastoin. Maallisten velvollisuuksien toteuttaminen tällä tavalla, johdattaa meidät suurimman täyttymyksen tilaan. Sen sijaan kaksi muuta veljeä, Ravana ja Kumbhakarna ,suhtautuivat asioihin maalliselta kannalta jopa dharmaansa toteuttaessaan.

Vibhishana oli epäitsekäs. Hän ei anellut Ramaa kruunaamaan itseään kuninkaaksi. Hän halusi vain pitää lujasti kiinni dharmastaan. Kiitos horjumattoman uskollisuuden ja päättäväisyyden hänen osakseen tulivat kaikki siunaukset. Hän saavutti molemmat sekä aineellisen että henkisen hyvinvoinnin.

Kysyjä: Amma, tuo oli upeaa, mutta eiväthän todelliset henkiset etsijät kaipaa maallista vaurautta?

Amma: Ei. Vilpittömän etsijän ainoa dharma on valaistuminen. Hän ei tyydy mihinkään vähempään, kuin tuohon kokemukseen. Sellaiselle ihmiselle kaikki muu on merkityksetöntä.

Kysyjä: Amma, minulla on vielä yksi kysymys. Onko tämän päivän maailmassa Ravanoita ja Kumbhakarnoja? Jos on, niin miten Vibhishanat selviytyvät nykymaailmassa, onko se heille helppoa?

Amma: (nauraen) Itse kussakin on Ravanaa ja Kumbhhakarnaa. Kyseessä on vain aste-ero. On tietysti myös Ravanan ja Kumbhakarnan kaltaisia, erittäin pirullisia ihmisiä. Itse asiassa maailmassa nykyisin ilmenevät kaaos ja ristiriidat, eivät ole muuta kuin sellaisten mielten summa. Todelliset Vibhishanat kuitenkin selviytyvät, koska he turvautuvat Ramaan eli Jumalaan, joka suojelee heitä.

Kysyjä: Amma, vaikka sanoin, että kysymykseni on viimeinen, minulla on vielä yksi, jos saan kysyä?

Amma: (englanniksi) Kysy pois.

Kysyjä: Mikä on henkilökohtainen mielipiteesi nykypäivän Ravanoista?

Amma: Myös he ovat Amman lapsia.

Dharman mukainen yhteistyö

"Tässä Kaliyugan (materialismin pimeä aikakausi) aika-
kautena ihmisillä on kaikkialla taipumus vieraantua
toisistaan. Ihmiset elävät kuin erillisinä saarina, vailla
mitään sisäistä kosketusta. Tämä on vaarallista ja tiivistää entisestään
meitä ympäröivää pimeyttä. Ihmisten keskinäisen tai ihmisen ja
luonnon välisen sillan, yhteyden, luo rakkaus. Yhteistyö on nyky-
maailman voima, joten sitä tulisi pitää yhtenä tämän aikakauden
tärkeimpänä dharmana (oikeamielisyys ja velvollisuus)."

Antaumus & tiedostaminen

Kysyjä: Mikä on tiedostamisen ja antaumuksen välinen yhteys, vai onko sitä?

Amma: Puhdas antaumus on varauksetonta rakkautta. Varaukseton rakkaus on antautumista. Täydellinen itsensä antaminen tarkoittaa täydellistä avoimuutta. Tuo avoimuus on tiedostamista. Se on todella Jumaluutta.

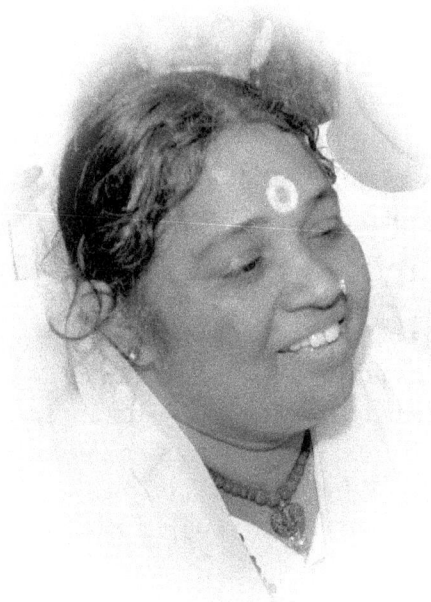

Miten auttaa oppilaan sulkeutunut sydän avautumaan

Kysyjä: Amma, sanot seuraajillesi ja oppilaillesi, että Jumalan saavuttamiseen tarvitaan ehdottomasti henkilökohtainen *Guru* (mestari), mutta sinä pidit Gurunasi koko luomakuntaa. Eikö se sitten olekaan muille mahdollista?

Amma: Varmasti on, vaikka henkisellä matkalla tuollaiset vaihtoehdot eivät yleensä toimi.

Kysyjä: Sinun tapauksessasi toimi, eikö niin?

Amma: Amma ei valinnut. Ennemminkin kaikki tapahtui itsestään.
Katsohan poikani, Amma ei pakota ketään mihinkään. Jos uskot lujasti, että jokainen tilanne, myönteinen tai kielteinen, on viesti

Jumalalta, et välttämättä tarvitse ulkoista gurua. Mutta monellako on tuollaista lujuutta ja päättäväisyyttä? Ketään ei voi väkisin ohjata Jumalan luo vievälle polulle. Se ei toimi. Saattaa käydä päinvastoin. Pakko saattaisi tuhota kaiken. Gurun on oltava tätä polkua taivaltavan oppilaan suhteen äärettömän kärsivällinen. Samoin kuin nuppu avautuu ihanasti tuoksuvaksi kukaksi, aivan samoin Guru auttaa oppilaan sulkeutuneen sydämen avautumaan täyteen kukoistukseensa.

Oppilas on tietämätön ja Guru on täysin tietoinen. Oppilaalla ei ole mitään käsitystä Gurusta, eikä siitä, miltä tasolta Guru toimii. Tietämättömyytensä vuoksi oppilaat saattavat aika ajoin olla erittäin kärsimättömiä. Arvosteluun taipuvaisina he saattavat jopa löytää Gurusta puutteita. Vain ja ainoastaan täydellisen mestarin ehdoton rakkaus ja myötätunto voi auttaa oppilasta siinä tilanteessa.

Kiitollisuuden merkitys

Kysyjä: Mitä merkitsee kiitollisuus mestaria tai Jumalaa kohtaan?

Amma: Nöyrä, avoin ja rukoileva asennoituminen auttaa ottamaan vastaan Jumalan armon. Todellisella mestarilla ei ole mitään voitettavaa tai menetettävää. Jatkuvasti kiintymättömyyden korkeimmassa tilassa olevalle mestarille, on aivan samaa, oletko kiitollinen vai kiittämätön. Kiitollisuus kuitenkin auttaa vastaanottamaan Jumalan armon. Kiitollisuus on sisäinen asenne. Ole kiitollinen Jumalalle, koska se on paras tapa irrottautua kehon ja mielen luomasta ahtaasta maailmasta ja edetä sisäisen maailman avaruuteen.

Voima kehon taustalla

Kysyjä: Onko jokainen sielu erilainen, oma erillinen yksilö?

Amma: Onko sähkövirta erilainen, vaikka se toimii eri tavalla tuulettimissa, jääkaapeissa, televisioissa ja monissa muissa laitteissa?

Kysyjä: Ei. Mutta ovatko sielut yksilöinä kuoleman jälkeen?

Amma: Heidän *karma*staan (menneiden tekojen vaikutus) ja *vasana*kertymistään (ehdollistuma, taipumus) johtuu, että he ovat näennäisesti erillisinä olemassa.

Kysyjä: Onko yksilöllisillä sieluillamme haluja tuollakin tasolla?

Amma: Kyllä. Mutta he eivät voi toteuttaa niitä. Aivan kuten täysin halvaantunut ihminen ei kykene nousemaan ylös ottaakseen haluamiaan esineitä, tuollaiset sielut eivät voi tyydyttää halujaan, koska heillä ei ole kehoa.

Kysyjä: Miten kauan he ovat tuollaisia?

Amma: Se riippuu *prarabdha karma*n (tuolloin ilmenevien menneiden tekojen seuraukset) voimakkuudesta.

Kysyjä: Mitä tapahtuu sen kuluttua loppuun?

Amma: He syntyvät uudestaan. Kiertokulku jatkuu, kunnes he oivaltavat, keitä itse asiassa ovat.

Kehoon ja mieleen samastuessamme luulemme, että "minä olen tekijä", "minä ajattelen" ja niin edelleen. Todellisuudessa ilman Atmanin (Itse) mukanaoloa ei sen paremmin mieli kuin kehokaan toimi. Voiko mikään kone toimia ilman energiaa? Eikö energia liikuta kaikkea? Ilman tuota voimaa jättikonekin on vain valtava romu- tai teräskasa. Sama koskee kaikkea, olemme sitten mitä tai keitä tahansa, Atman on kaikkea toimintaamme ylläpitävä voima. Ilman sitä, olemme vain elotonta ainetta. Unohtaessamme Atmanin ja palvoessamme kehoa, on kuin emme piittaisi sähköstä, vaan sortuisimme rakastumaan pelkkään vekottimeen.

Kaksi väkevää kokemusta

Kysyjä: Voivatko täydelliset mestarit valita syntymänsä ja kuolemansa ajankohdan ja olosuhteet.

Amma: Vain täydellinen mestari hallitsee täydellisesti tuollaiset tilanteet. Kaikki muut ovat avuttomia näiden kahden voimakkaan kokemuksen aikana. Kukaan ei tule kysymään sinulta, missä haluat syntyä tai kuka tai mitä haluat olla. Et myöskään saa viestiä, jossa tiedusteltaisiin oletko jo valmis kuolemaan.

Atmanin (Itse) jätettyä ilmeisen - on hän sitten elänyt tyytymättömänä pienessä yksiössään tai nauttinut kartanonsa ylellisyydestä - on luontevasti mykkänä arkkunsa ahtaudessa. Ihmisellä, joka ei voinut elää hetkeäkään ilman viilentävää ilmastointia, ei ole ongelmia kehon palaessa hautaroviolla. Miksi? Koska keho on nyt pelkkää elotonta ainetta.

Kysyjä: Kuolema on pelottava kokemus, eikä totta?

Amma: Kuolema on pelottava heille, jotka elävät täysin egoonsa samastuneina. Heiltä ei riitä ajatustakaan kehon ja mielen tuolla puolen olevalle todellisuudelle.

Toisten huomioon ottaminen

E räs oppilas halusi yksinkertaisen, helposti ymmärrettävän ja lyhyen kuvauksen henkisyydestä.

Amma sanoi: "Toisten myötätuntoinen huomioon ottaminen on henkisyyttä."

"Loistavaa", sanoi mies ja nousi lähteäkseen. Mutta yllättäen Amma tarttuikin häntä kädestä ja sanoi: "Istuudu".

Mies totteli. Pidellen darshanissa olevaa henkilöä käsivarrellaan, Amma kurottautui miestä kohden ja kysyi häneltä englanniksi pehmeällä äänellä: "Tarina?"

Mies oli hieman häkeltynyt ja kysyi: "Amma, haluatko, että minä kerron tarinan?"

Amma nauroi ja vastasi: "Ei. Haluatko kuulla tarinan?"

Mies vastasi innostuneesti: "Ehdottomasti haluan kuulla Amman tarinan. Olen siunattu."

Amma alkoi kertoa tarinaa: "Tämä tapahtui, erään miehen nukkuessa suu avoinna. Kärpänen lensi hänen suuhunsa. Siitä lähtien mies tunsi, tuon kärpäsen asustavan hänen sisällään.

Miesparan ajatuksen kärpäsestä voimistuessa, hän alkoi huolestua enemmän ja enemmän. Huolestuminen kasvoi pian niin syväksi kärsimykseksi ja masennukseksi, ettei hän enää voinut syödä tai nukkua ja kaikki ilo katosi hänen elämästään. Hän ajatteli aina vain kärpästä. Miehen nähtiin alituisesti jahtaavan kehonsa sisällä paikasta toiseen liikkuvaa kärpästä.

Hän meni tapaamaan lääkäreitä, psykologeja, psykiatreja ja monia muita, että nämä auttaisivat häntä vapautumaan kärpäsestä. Kaikki totesivat: "Olet kaikin puolin kunnossa. Sinun sisälläsi ei ole kärpästä. Sitä paitsi, jos sellainen olisi lentänyt sisällesi, se olisi kuollut jo kauan sitten. Älä ole huolissasi, olet kunnossa.'

Mies ei kuitenkaan uskonut yhteenkään heistä ja kärsimys jatkui. Kerran sitten eräs ystävä vei hänet Mahatman (Suuri Sielu) luo. Kuunneltuaan tarkkaavaisesti miehen kärpästarinaa, Mahatma alkoi tutkia miestä ja sanoi: 'Olet oikeassa. Sisälläsi todellakin asuu kärpänen. Näen miten se liikkuu siellä.'

Yhä tähystellen miehen avonaiseen suuhun, mestari huudahti: 'Voi hyvä Jumala! Onpas se kasvanut suureksi kuukausien aikana!'

Mahatman sanottua näin, mies kääntyi heti ystävänsä ja vaimonsa puoleen sanoen: 'Voitteko käsittää, ne typerykset eivät tienneet mitään. Tämä kaveri tässä ymmärtää minua. Hän jäljitti kärpäsen hetkessä.'

Mahatma sanoi: 'Ole hievahtamatta. Pienikin liike saattaa häiritä kärpäsen pyydystämistä.' Sitten hän peitteli miehen päästä varpaisiin paksulla peitteellä. 'Tämä nopeuttaa kiinni saamista. Haluan tehdä koko kehosi pimeäksi sisä- ja ulkopuolelta, niin ettei kärpänen näe mitään. Joten älä edes raota silmiäsi.'

Miehellä oli jo niin luja usko Mahatmaan, että hän oli 100 prosenttisesti valmis tekemään mitä tahansa tämä sanoikin.

'Nyt rentoudu ja pysyttele aloillasi'. Sen sanottuaan Mahatma meni toiseen huoneeseen. Hän aikoi pyydystää kärpäsen. Siinä viimein onnistuttuaan, hän tuli takaisin mukanaan pullo, jossa oli kärpänen.

Hän alkoi hellästi kosketella potilaan kehoa. Näin tehdessään Mahatma samalla selosti kärpäsen liikkeitä. Hän sanoi: 'Älä liiku, kärpänen istuu nyt vatsallasi… ennen kuin ehdin tehdä mitään, se lensi pois ja istuu nyt keuhkojesi päällä. Sain sen melkein pyydystettyä…Voi ei, taas se pääsi karkuun… Voi tavaton se on niin nopea! Nyt se on taas vatsan päällä… Nyt aion toistaa mantraa, se tekee sen liikuntakyvyttömäksi.'

Sitten hän oli pyydystävinään kärpäsen miehen vatsasta. Vielä muutama sekunti ja Mahatma käski miehen avata silmänsä ja poistaa peiton päältään. Miehen tehtyä niin, Mahatma näytti hänelle aiemmin pulloon pyydystämäänsä kärpästä.

Mies oli ylitsevuotavan onnellinen. Hän alkoi tanssia. Hän sanoi vaimolleen: 'Sanoin ainakin sata kertaa sinulle, että olen oikeassa ja ne psykologit ovat typeryksiä. Nyt menen suoraan heidän luokseen. Haluan rahani takaisin!'

Todellisuudessa mitään kärpästä ei ollut. Ainoa ero oli siinä, että Mahatma kohteli miestä arvostaen, toiset sen sijaan eivät. He kertoivat totuuden, mutta he eivät auttaneet häntä. Mahatma puolestaan antoi tukensa hänelle, tunsi myötätuntoa, ymmärsi häntä ja osoitti hänelle aitoa rakkautta. Se auttoi miestä pääsemään irti ongelmastaan.

Hän ymmärsi miestä syvemmin. Ymmärtämällä hänen kärsimystään ja henkistä tilaansa, hän tuli tämän tasolle. Muut sitä vastoin pysyivät oman ymmärryksensä tasolla, ottamatta potilasta huomioon."

Amma piti tauon ja jatkoi: "Poikani, siinä on henkisen oivalluksen ja Itsen toteuttamisen koko tapahtumaketju. Mestari pitää oppilaan tietämättömyyden kärpästä – egoa – todellisena. Ottaen huomioon oppilaan tietämättömyyden, mestari saa hänet kanssaan täydelliseen yhteistyöhön. Ilman oppilaan myötävaikutusta mestari ei voi tehdä mitään. Vilpittömällä ja tiedonhaluisella oppilaalla ei kuitenkaan ole ongelmaa olla yhteistyössä todellisen mestarin kanssa, koska mestari ottaa täysin huomioon oppilaan ja tämän heikkoudet auttaessaan oppilasta heräämään todellisuuteen. Aidon mestarin todellinen työ on auttaa myös oppilastaan tulemaan kaikkia tilanteita hallitsevaksi mestariksi."

Rakkauden kohtu

Kysyjä: Luin hiljattain eräästä kirjasta, että kaikilla on henkinen kohtu. Onko sellainen olemassa?

Amma: Se voi olla vain esimerkki. Sellaista kuin "henkinen kohtu" ei ole näkyvänä elimenä. Ehkä se tarkoittaa vastaanottokykyä, jota tulisi kehittää oppiaksemme tuntemaan ja kokemaan sisimmässämme olevan rakkauden. Jumala on lahjoittanut jokaiselle naiselle kohdun, jossa hän voi kantaa, hoivata ja ravita lasta ja lopuksi synnyttää sen. Aivan samoin meidän tulisi kehittää sisimmässämme riittävästi tilaa rakkaudelle muodostua ja kasvaa. Meditoimalla, rukoilemalla ja *resitoi*malla (toistaa pyhää sanaa tai kaavaa) ravitsemme ja hoivaamme tätä rakkautta auttaen rakkauden lasta vähitellen kasvamaan ja laajenemaan yli kaikkien rajojen. Puhdas rakkaus on *shakti*a (jumalallinen energia) puhtaimmassa muodossaan.

Ovatko henkiset ihmiset jotenkin erityisiä?

Kysyjä: Amma, ovatko henkisyys ja henkiset ihmiset jotenkin erityisiä?

Amma: Ei.

Kysyjä: Siinä tapauksessa?

Amma: Henkisyys on täysin luonnollista. Se on elämistä sopusoinnussa sisäisen Itsen kanssa. Siten ei siinä ole mitään erityistä.

Kysyjä: Tarkoitatko, että vain henkiset ihmiset elävät luonnollista elämää?

Amma: Sanoiko Amma niin?

Kysyjä: Et suoraan, mutta se sisältyy toteamukseesi, eikö totta?

Amma: Se on sinun tulkintasi Amman sanoista.

Kysyjä: Hyvä on. Mutta mitä ajattelet maailmassa elävästä enemmistöstä?

Amma: Emmekö me kaikki elä maailmassa eikä vain ihmisten enemmistö?

Kysyjä: Amma, ole ystävällinen...

Amma: Niin kauan kuin elämme maailmassa, olemme kaikki maailmallisia ihmisiä. Mutta henkisen sinusta tekee maailmassa eläessäsi se, miten kohtaat elämän ja sen mukanaan tuomat kokemukset. Ymmärräthän poikani, että jokainen ajattelee elävänsä luonnollisesti. Jokaisen ihmisen tulisi syvällisesti tutkistelemalla saada selville, onko hänen elämänsä luonnollista vai ei. Meidän tulisi myös tietää, että henkisyyteen ei sisälly mitään epätavallista tai poikkeuksellista. Henkisyys ei merkitse joksikin erikoiseksi tulemista, vaan tulemista nöyräksi. Erittäin tärkeää on myös ymmärtää, että ihmiseksi syntyminen sinänsä on hyvin erityistä.

Vain tilapäinen pysäkki

Kysyjä: Amma, miksi kiintymättömyys on henkisessä elämässä niin tärkeää?

Amma: Ei ainoastaan henkisen etsijän vaan jokaisen, joka haluaa saada käyttöönsä piileviä kykyjään ja kokea sisäistä rauhaa, tulee harjoittaa kiintymättömyyttä. Kiintymättömyys tarkoittaa sitä, että voi pysyä *sakshi*na (tarkkailija) elämän kaikissa olosuhteissa ja tilanteissa.

Kiintyminen kuormittaa mieltä ja kiintymättömyys keventää mielen taakkaa. Mitä raskaampi mielen taakka, sitä kireämpi se on ja sitä enemmän se kaipaa kuormastaan pääsemistä. Nykymaailmassa ihmisten mielellä on taakkanaan yhä enemmän ja enemmän kielteisiä ajatuksia. Tämä herättää luonnollisesti kiihkeän halun, aidon tarpeen, päästä irti kiintymyksistä.

Kysyjä: Amma, haluan todella opetella kiintymättömyyttä, mutta vakaumukseni on häilyvä.

Amma: Vakaumus tulee vain tietoisuuden kasvamisen myötä. Mitä tietoisempi olet, sitä voimakkaampi on vakaumuksesi. Poikani, pidä maailmaa tilapäisenä pysähdyksenä, vaikkapa vain hieman pidempänä. Me kaikki olemme matkalla ja tämä on vain eräs vierailupaikoistamme. Samoin kuin junassa tai bussissa matkustaessamme tapaamme useinkin kanssamatkustajia, joiden kanssa voimme jutella ja jakaa ajatuksiamme elämästä ja maailman tapahtumista. Pian saatamme jopa tuntea kiintymystä vierustoveriimme. Kaikkien on kuitenkin poistuttava junasta määränpäässään. Kohdatessasi toisen ihmisen tai asetuttuasi aloillesi jonnekin tiedosta, että jonakin päivänä sinulla on edessäsi lähtö. Mikäli kehität tällaista tietoisuutta yhdessä myönteisen asenteen kanssa, se opastaa sinua varmasti kaikissa elämän olosuhteissa.

Kysyjä: Amma, tarkoitatko, että meidän tulee harjoitella kiintymättömyyttä maailmassa eläessämme?

Amma: (hymyillen) Missä muualla voit sitä opetella kuin eläessäsi maailmassa? Kuoleman jälkeenkö? Todellisuudessa kiintymättömyyttä harjoittamalla voitat kuoleman pelon. Se takaa täysin kivuttoman ja autuaallisen kuoleman.

Kysyjä: Miten se on mahdollista?

Amma: Kun et ole kiintynyt mihinkään, pysyt sakshina, (sivustakatsojan asenne), jopa kuoleman hetkellä. Kiintymättömyys on oikea suhtautumistapa. Se on aitoa havaitsemista ja ymmärtämistä Jos elokuvaa katsellessamme samastumme roolihahmoihin ja sitten yritämme matkia heitä omassa elämässämme, onko se hyvä vai huono asia? Katso elokuvaa tiedostaen, että se on vain elokuvaa, silloin todella nautit siitä. Henkinen ajattelu ja tapa elää on todellinen tie rauhaan.

Et ui joessa loputtomiin vaan tarkoituksesi on puhdistua ja virkistäytyä. Samoin, jos haluat elää henkistä elämää, pidä perhe-elämääsi mahdollisuutena hiertää *vasana*si (ehdollistuma, taipumus) olemattomiin. Toisin sanoen, muista, että et elä upotaksesi perhe-elämään aina vain täydellisemmin, vaan kuluttaaksesi loppuun siihen liittyvät vasanat ja vapautuaksesi toiminnan orjuudesta. Tavoitteenasi tulisi olla kielteisistä vasanoista eroon pääsy, eikä niiden vahvistaminen.

Miten mieli kuulee

Kysyjä: Amma, miten määrittelet "mielen"?

Amma: Se on kuulolaite, joka ei koskaan kuule mitä sanotaan, vaan ainoastaan sen, mitä se haluaa kuulla. Sinulle kerrotaan jotain ja mieli kuulee jotain muuta. Leikaten, muokaten ja muutellen se suorittaa kirurgisen toimenpiteen kuulemalleen. Siinä mieli poistaa alkuperäisestä joitakin asioita ja lisää toisia, tulkitsee ja kiillottaa, kunnes tulos vihdoin tyydyttää sinua. Sen jälkeen vakuutat itsellesi, että asia on kerrottu sinulle juuri tuolla tavalla.

Eräs nuori poika vierailee *ashram*issa (henkisen mestarin koti, jossa hän opastaa oppilaitaan) vanhempiensa kanssa. Kerran hänen äitinsä kertoi Ammalle mielenkiintoisen tapauksen kotoaan. Äiti oli kehottanut poikaansa ottamaan opiskelunsa vakavammin, sillä koejakso oli lähestymässä. Pojan tärkeysjärjestys oli kuitenkin toisenlainen. Hän halusi urheilla ja katsoa elokuvia. Syntyi kiista, jolloin poika sanoi äidilleen: "Äiti, etkö ole kuullut Amman korostavan tässä hetkessä elämistä? Voi luoja, en vain ymmärrä, miksi olet niin huolissasi kokeista, jotka ovat vasta myöhemmin. Tällä hetkellä minulla on muutakin tekemistä." Sillä tavalla hän oli kuullut.

Rakkaus & pelottomuus

Kuvaillakseen miten rakkaus poistaa kaiken pelon, Amma kertoi seuraavan tarinan.

Kauan sitten eli kuningas, joka hallitsi erästä silloisen Intian valtiota. Hän asui linnoituksessa vuoren huipulla. Eräs nainen tuli joka päivä linnoitukseen, myymään maitoa. Hänellä oli tapana saapua aamukuudelta ja poistua aina illalla, ennen kuutta. Iltaisin täsmälleen kello kuusi linnoituksen sisäänkäynnin valtavat ovet suljettiin, minkä jälkeen ketään ei päästetty sisään eikä ulos ennen aamua, jolloin ovet taas aukaistiin.

Joka aamu vartioiden avatessa jykevät rautaovet, nainen oli jo odottamassa ulkopuolella, maitokiulua päänsä päällä kantaen.

Eräänä iltana nainen saapui portille hieman myöhässä. Kello oli lyönyt kuusi vain muutamaa sekuntia aikaisemmin, ja ovet oli suljettu. Nainen heittäytyi vartijoiden jalkoihin ja rukoili heitä päästämään hänet ulos. Hänellä oli lapsi, joka oli kotona odottamassa äitinsä paluuta. Kyynelsilmin hän aneli: "Säälikää minua. Pieni poikani ei suostu syömään eikä nukkumaan, ellen ole hänen luonaan. Lapsiparka itkee koko yön, ellei näe äitiään. Olkaa kilttejä, antakaa minun mennä!"

Vartijat eivät kuitenkaan myöntyneet, sillä he eivät voineet toimia sääntöjen vastaisesti.

Nainen juoksi ympäri linnoitusta hätääntyneenä yrittäen epätoivoisesti löytää kohtaa, josta pääsisi ulos. Hän ei voinut kestää ajatusta, että hänen pieni viaton lapsensa hätääntyisi odottaessaan turhaan hänen paluutaan.

Linnoitusta ympäröivät kalliojyrkänteet, ja niiden juurella oleva metsä oli täynnä piikkipensaita, köynnöksiä ja myrkyllisiä kasveja. Yön lähetessä äiti kävi yhä levottomammaksi, ja tahto päästä lapsensa luo voimistui voimistumistaan. Hän kulki ympäri linnoitusta etsien paikkaa, josta onnistuisi laskeutumaan alas ja sitten pääsemään kotiin. Vihdoin löytyi kohta, joka näytti vähiten jyrkältä ja vaikealta. Piilotettuaan maitoastian pensaikkoon hän alkoi laskeutua varovasti alas vuorenseinämää. Laskeutumisen edetessä eri puolille kehoa tuli haavoja ja mustelmia. Vaikeuksista huolimatta ajatukset lapsesta pitivät hänet liikkeellä. Lopulta hänen onnistui päästä vuoren juurelle. Nainen kiiruhti kotiinsa ja nukkui yön onnellisena lapsensa vierellä.

Vartijoiden avatessa linnoituksen rautaovet seuraavana aamuna he hämmästyivät nähdessään tuon saman naisen, joka ei ollut päässyt linnoituksesta edellisenä iltana seisovan nyt ulkopuolella odottamassa sisäänpääsyä.

"Jos tavallinen maitotyttö onnistui livahtamaan ulos valloittamattomasta linnakkeestamme, jossakin täytyy olla kohta, josta myös viholliset voivat päästä sisään ja hyökätä kimppuumme", he ajattelivat. Ymmärtäessään tilanteen vakavuuden vartijat vangitsivat naisen välittömästi ja veivät hänet kuninkaan eteen.

Kuningas oli erittäin ymmärtäväinen ja kypsä ihminen. Alamaiset ylistivät hänen viisauttaan, urheuttaan ja jaloa luonnettaan. Hän otti naisen vastaan kunnioitusta osoittaen. Kädet tervehdyksen merkiksi yhteen liitettynä hän sanoi: "Oi äiti, jos on totta, mitä vartijani kertoivat, että pääsit poistumaan linnoituksesta viime yönä, voisitko ystävällisesti näyttää minulle tuon kohdan, mistä pääsit laskeutumaan alas?"

Nainen opasti kuninkaan, ministerit ja vartijat tuohon kohtaan. Sieltä hän löysi maitoastiansa, jonka oli piilottanut pensaaseen edellisenä yönä ja näytti sitä kuninkaalle. Katsoessaan alas jyrkkää vuorenrinnettä, kuningas kysyi häneltä: "Äiti, voisitko näyttää miten onnistuit laskeutumaan tästä alas viime yönä?"

Nainen katsoi alas jyrkkää vuorenseinämää ja vapisi pelosta. "Ei, en voi tehdä sitä!" hän huusi itkien.

"Mutta kuinka onnistuit siinä viime yönä?", kuningas kysyi.

"En tiedä", hän vastasi.

"Mutta minä tiedän", sanoi kuningas lempeästi. "Sinun rakkautesi lastasi kohtaan antoi sinulle voimaa ja rohkeutta tehdä mahdottomasta mahdollisen."

Aito rakkaus auttaa ylittämään kehon, mielen ja pelkojen rajat. Todellisen rakkauden voima on ääretön. Sellainen rakkaus on kaikkea syleilevää ja kaiken ylittävää. Tuossa rakkaudessa voimme kokea Itsen kaikkiykseyden. Rakkaus on sielun hengitystä. Kukaan ei sano: "Hengitän vain vaimoni, lapseni, vanhempieni ja ystävieni läsnä ollessa. En voi hengittää, kun paikalla on vihollisiani, jotka vihaavat minua tai ovat loukanneet minua." Siinä tapauksessa et pysy elossa, vaan kuolet. Samalla tavalla rakkaus on todellista henkistä läsnäoloa, joka on kaikkien eroavaisuuksien tuolla puolen. Se on kaikkialla läsnä. Se on meidän elämänvoimamme.

Puhdas, viaton rakkaus tekee kaiken mahdolliseksi. Kun sydämesi on täynnä rakkauden puhdasta energiaa, niin kaikkein vaikeinkin tehtävä on helppo kuin kukan poimiminen.

Miksi maailmassa soditaan?

Kysyjä: Amma, miksi maailmassa on niin paljon väkivaltaa ja sotia?

Amma: Se johtuu ymmärryksen puutteesta.

Kysyjä: Mitä ymmärryksen puuttuminen tarkoittaa?

Amma: Myötätunnon puuttumista.

Kysyjä: Onko myötätunnolla ja ymmärryksellä yhteyttä?

Amma: Kyllä. Todellisen ymmärryksen kasvaessa opimme ottamaan huomioon toisen ihmisen välittämättä hänen heikkouksistaan. Tästä alkaa rakkauden kehittyminen. Kun puhdas rakkaus alkaa orastaa sisimmässämme, sen myötä viriää myös myötätunto.

Kysyjä: Amma, olen kuullut sinun sanovan, että sodat ja ristiriidat ovat egon aiheuttamia.

Amma: Se on totta. Kypsymätön ego ja ymmärryksen puute ovat melkein sama asia. Käytämme erilaisia sanoja, mutta perimmältään ne merkitsevät samaa.

Kun ihmiset kadottavat yhteyden sisäiseen *Itse*ensä (Atman) ja samastuvat yhä enemmän egoonsa, sen seurauksena maailmassa voi olla vain väkivaltaa ja sotia. Juuri näin tapahtuu maailmassa nykyisin.

Kysyjä: Amma, tarkoitatko, että ihmiset pitävät ulkoista maailmaa liian tärkeänä?

Amma: Sivistyksen eli ulkoisen hyvinvoinnin ja kehittymisen ja *samskara*n (ylevien ajatusten ja ominaisuuksien harjoittaminen) oletetaan kulkevan käsi kädessä. mutta mitä näemmekään tapahtuvan? Henkisten arvojen nopeaa rappeutumista, eikö niin? Sota ja ristiriita ovat olemassaolon alinta tasoa, korkeinta edustaa samskara.

Maailman nykyistä tilaa voidaan parhaiten kuvata seuraavalla esimerkillä: Kuvittele mielessäsi hyvin kapea tie. Kaksi ajajaa lyö jarrut pohjaan autojen tullessa hyvin lähelle toisiaan. Ellei toinen heistä peruuta ja anna toiselle tilaa, kumpikaan ei voi jatkaa matkaa. Molemmat istuvat kuitenkin tiukkoina autoissaan ja julistavat, etteivät aio väistää sentin vertaa. Tilanne ratkeaa vain, jos toinen heistä osoittaisi hiukankin nöyryyttä ja suostuisi antamaan toiselle tilaa. Silloin molemmat voisivat vaivatta jatkaa matkaansa kohti määränpäätään. Periksi antanut voisi lisäksi olla onnellinen tietäessään, että hänen ansiostaan, toinenkin pääsi jatkamaan matkaa.

Mikä tekee Amman onnelliseksi?

Kysyjä: Amma, miten voin palvella sinua?

Amma: Palvelemalla muita epäitsekkäästi.

Kysyjä: Miten voin tehdä Amman onnelliseksi?

Amma: Auta toisia tulemaan onnelliseksi. Se tekee Amman todella onnelliseksi.

Kysyjä: Amma, etkö halua minulta mitään?

Amma: Kyllä. Amma haluaa, että olet onnellinen.

Kysyjä: Amma, olet niin kaunis.

Amma: Sama kauneus on myös sinussa. Sinun vain tulee löytää se.

Kysyjä: Rakastan sinua Amma.

Amma: Tyttäreni, todellisuudessa sinä ja Amma eivät ole erillisiä. Me olemme yhtä. Eli on vain rakkaus.

Todellinen ongelma

Kysyjä: Amma, sanot, että kaikki on yhtä. Mutta minä näen kaiken erillisenä. Mistä se johtuu?

Amma: Asioiden näkeminen erillisinä tai erilaisina, ei ole ongelma. Todellinen ongelma on siinä, ettei kyetä näkemään moninaisuuden taustalla olevaa ykseyttä. Se on todella väärin ja rajoittunutta. Tavan, jolla havainnoit maailmaa ja ympärilläsi tapahtuvaa, täytyy muuttua; sen jälkeen kaikki muuttuu itsestään.

Aivan samoin, kuin näkömme vaatii korjausta fyysisten silmiemme heikentyessä - kun alamme nähdä kaiken kahtena - myös sisäinen silmä tarvitsee säätöä ykseyden kokemiseen vakiintuneen *Satguru*n (todellinen mestari) ohjeiden mukaan.

Ei mitään vikaa maailmassa

Kysyjä: Mikä maailmassa on vialla? Tilanne ei näytä kovin hyvältä. Voimmeko tehdä asialle jotain?

Amma: Maailma ei ole mikään ongelma. Ongelma on ihmismieli – eli ego. Hallitsematon ego synnyttää maailman ongelmat. Ymmärryksen ja myötätunnon pienikin lisäys voi saada aikaan suuren muutoksen. Ego hallitsee maailmaa. Ihmiset ovat egonsa avuttomia uhreja. On vaikea löytää herkkiä, sydämeltään myötätuntoisia ihmisiä. Löydä oma sisäinen sopusointusi, sisimmässäsi soiva elämän ja rakkauden kaunis laulu. Lähde palvelemaan kärsiviä. Opettele asettamaan muut itsesi edelle, mutta älä rakastu omaan egoosi rakkauden ja auttamisen nimissä. Voit pitää egosi, mutta ole oman mielesi ja egosi hallitsija. Ota toiset huomioon, sillä se on ovi niin Jumalan luo kuin omaan Itseesi.

Miksi seurata henkistä tietä?

Kysyjä: Miksi pitäisi seurata henkistä tietä?

Amma: Tämä on kuin siemen kysyisi: "Miksi minun pitäisi mennä mullan alle itämään ja kasvamaan?"

Miten käsitellä henkistä energiaa

Kysyjä: Ainakin pieni määrä ihmisiä menettää mielenterveytensä henkisten harjoitusten seurauksena. Miksi heille käy niin?

Amma: Henkiset harjoitukset valmistavat ihmisen rajallista kehoa ja mieltä sopivaksi vastaanottamaan kaikkiallista *shakti*a (jumalallinen energia). Ne avaavat kulkutien korkeimpaan tietoisuuteesi. Ne ovat toisin sanoen suorassa yhteydessä puhtaaseen shaktiin. Ellet ole varovainen, voi syntyä henkisiä ja fyysisiä ongelmia. Esimerkiksi valo auttaa meitä näkemään. Liiallinen valon määrä sen sijaan vahingoittaa silmiämme. Samalla tavalla shakti, eli autuus on erittäin parantavaa. Ellet kuitenkaan tiedä, miten käsitellä sitä oikein, siitä voi olla haittaa. Vain *Satguru*n (todellinen mestari) ohjaus, voi todella auttaa sinua tässäkin asiassa.

Vilpittömän sydämen
valitus & myötätunto

Pieni poika tuli juosten Amman luo ja näytti hänelle oikeaa
kättään. Amma piteli hellästi hänen sormeaan ja kysyi sitten
englanniksi: "Mikä on, lapseni?" Poika kääntyi ja osoitti: "
Tuolla..."

Amma: (englanniksi) Mikä tuolla?

Pieni poika: Isä...

Amma: (englanniksi) Isä, teki mitä?

Pieni poika: (osoittaen kämmentään) Isä istuu tässä.

Amma: (Syleilee lasta lujasti ja sanoo englanniksi): Amma kutsuu isää.

Siinä vaiheessa isä tuli Amman luo ja kertoi istuneensa vahingossa pojan käden päälle. Tämä tapahtui samana aamuna heidän kotonaan ja pikku poika yritti selittää tapahtumaa Ammalle.
Pitäen vielä poikaa lähellään Amma sanoi:
"Jospa Amma antaa isällesi selkäsaunan?"
Poika nyökkäsi. Amma oli lyövinään isää ja pojan isä esitti itkevää.
Äkkiä poika tarttui Amman käteen ja sanoi: "Riittää."
Amma nauroi, pidellen pojan kättä entistä lujemmin. Tilannetta seuranneet yhtyivät nauruun.

Amma: Katsokaa, hän rakastaa isäänsä. Hän ei tahdo kenenkään vahingoittavan häntä.

Tämä pieni poika tuli varauksitta purkamaan sydämensä Ammalle. Lapset, samoin teidänkin tulisi oppia purkamaan sydäntänne vaivaavat murheenne Jumalalle. Vaikka Amma vain näytteli lyövänsä pojan isää, pojalle se oli totta. Hän ei halunnut, että isään sattuu. Lapset, aivan samoin ymmärtäkää tekin toisten kärsimyksiä ja tuntekaa myötätuntoa kaikkia kohtaan.

Nukkuvan oppilaan
herättäminen

Kysyjä: Miten *Guru* (mestari) auttaa oppilasta vapautumaan egostaan?

Amma: Luomalla kulloiseenkin tarkoitukseen sopivia tilanteita. Itse asiassa oppilasta auttaa *Satguru*n (todellinen mestari) myötätunto.

Kysyjä: Joten, mikä oikeastaan auttaa oppilasta, tilanteet vai Gurun myötätunto?

Amma: Satgurun loputon myötätunto saa aikaan tilanteet.

Kysyjä: Ovatko nämä tilanteet tavallisia vai erityistilanteita?

Amma: Ne ovat tavallisia, mutta myös erityisiä, koska ne ovat eräs muoto Satgurun siunausta, joka tähtää oppilaan henkisen tilan kohottamiseen.

Kysyjä: Syntyykö Gurun ja oppilaan välillä ristiriitoja, egon poistamisvaiheiden aikana?

Amma: Mieli taistelee vastaan ja vastustaa, koska se haluaa pysyä unessa ja jatkaa unelmointia. Se ei halua tulla häirityksi. Todellinen mestari on kuitenkin oppilaan unen häiritsijä. Satgurulla on yksi ja ainoa tavoite eli saada oppilas heräämään, joten näennäistä ristiriitaa on olemassa. Todellisella oppilaalla on kuitenkin *shraddha*n (rakastava luottamus) lahja, ja hän pystyy käyttämään arvostelukykyään ja ylittämään siten tuollaiset ristiriidat.

Gurun totteleminen

Kysyjä: Onko *Gurun* (mestari) täydellisestä tottelemisesta seurauksena egon kuolema?

Amma: Kyllä. *Kathopanishadissa Satgurua* (todellinen mestari) edustaa *Yama*, kuoleman herra. Tämä johtuu siitä, että Guru ilmentää oppilaan egon kuolemaa, joka voi toteutua vain Satgurun avulla.

Tottelevaisuus Satgurua kohtaan johtuu oppilaan rakkaudesta Guruun. Oppilasta innostaa suunnattomasti mestarin uhrautuvaisuus ja myötätunto. Tästä liikuttuneena, hän on Gurun edessä aivan itsestään avoin ja tottelevainen.

Kysyjä: Eikö egon kuoleman kohtaaminen vaadi erityistä rohkeutta?

Amma: Tietenkin ja siksi hyvin harvat ovat siihen valmiita. Egon kuolema on kuin kolkuttaisi kuoleman ovea. Juuri niin teki Kathopanishadin nuori etsijä Nachiketas. Mikäli olet kyllin rohkea ja päättäväinen kuoleman porttia kolkuttaaksesi, huomaat, ettei kuolemaa olekaan. Sillä kuolemakin eli egon kuolema, on harhaa.

Taivaanranta on tässä

Kysyjä: Minne Itse on piilotettu?

Amma: On kuin kysyisit: "Minne minut on piilotettu?" Sinua ei ole piilotettu mihinkään. Olet omassa sisimmässäsi. Samalla tavoin Itse on sisä- ja ulkopuolellasi.

Rannalta katsottuna meri ja taivaanranta näyttävät kohtaavan toisensa tietyssä kohdassa. Mikäli näköpiirissä on saari, sen puut näyttäisivät koskettavan taivasta. Näemmekö tuon kosketuskohdan, jos menemme sinne? Emme. Myös tuo kohta siirtyy jälleen kauemmaksi. Se on taas toisessa paikassa. Mutta missä tuo taivaanranta sitten todellisuudessa sijaitsee? Eikö se ole juuri siinä, missä olemme? Etsimäsi on juuri siinä. Mutta niin kauan kuin nukumme kehomme ja mielemme unessa, se pysyy etäällä.

Suhteessa korkeimpaan tietoon, sinua voi verrata kerjäläiseen. Todellinen mestari ilmestyy kertomaan sinulle: "Tiedätkö, sinä omistat koko maailman kaikkeuden. Heitä pois kerjuukuppisi ja kaiva esiin sisimmässäsi oleva aarre." Totuudesta tietämättömänä väität itsepäisesti: "Puhut pötyä. Olen kerjäläinen ja haluan kerjätä lopun elämääni. Älä vaivaa minua joutavilla." *Satguru* (todellinen mestari) ei kuitenkaan jätä sinua noin vain. Hän muistuttaa sinua jatkuvasti samasta asiasta, yhä uudestaan ja uudestaan, kunnes saa sinut vakuuttuneeksi ja aloitat etsintäsi.

Lyhyesti, Satguru auttaa meitä oivaltamaan oman kerjäläismielemme, kannustaa meitä luopumaan kerjuukipostamme ja avustaa meitä tulemaan kaikkeuden omistajaksi.

Usko & rukousnauha

Erään *Devi Bhavan* (maailmankaikkeuden jumalallisen äidin mielentila) aikana San Ramonissa, Kaliforniassa, olin juuri aloittamassa *bhajan*ien (antaumuksellinen laulu) laulamisen, kun eräs nainen lähestyi minua silmät kyynelissä.

Hän sanoi: "Kadotin itselleni hyvin kallisarvoisen esineen."

Nainen vaikutti erittäin epätoivoiselta. Hän jatkoi: "Mennessäni nukkumaan yläkerran parvekkeelle, minulla oli isoäidiltäni saamani rukousnauha. Herättyäni huomasin sen kadonneen. Joku on varastanut sen. Se oli minulle arvokas. Voi hyvä Jumala, mitä minun pitää tehdä?" Hän alkoi itkeä.

"Etsitkö löytötavarapaikasta?", tiedustelin.

"Kyllä", hän vastasi, "mutta se ei ollut siellä."

Sanoin ystävällisesti: "Älä itke. Teemme siitä katoamisilmoituksen. Kerro mitä se sinulle merkitsee, ja jos joku on sen löytänyt tai ottanut vahingossa, hän saattaa tuoda sen takaisin."

Olin juuri opastamassa häntä kuuluttamoon, kun hän sanoi: "Miten tällaista voi tapahtua Devi Bhava iltana olessani tulossa Amman *darshan*iin (halaus)?"

Tämän kuullessani sanoin välittömästi: "Käsitätkö, et ollut riittävän valpas. Siksi kadotit rukousnauhasi. Miksi nukuit se kädessäsi, jos se oli sinulle niin arvokas? Tänä iltana täällä on koolla monenlaisia ihmisiä. Amma ei hylkää ketään. Hän antaa jokaisen olla mukana ja iloita. Sen tietäessäsi sinun olisi pitänyt huolehtia paremmin aarteestasi. Siirrät nyt vastuun Ammalle, etkä itse ota vastuuta huolimattomuudestasi."

Nainen ei vakuuttunut.

Hän sanoi: "Luottamukseni Ammaan on saanut kolauksen."

Kysyin häneltä: "Oliko sinulla muka jotakin luottamusta kadotettavaksi? Jos sinulla olisi ollut hivenkin todellista luottamusta, minne se olisi voinut kadota?"

Hän ei sanonut mitään. Opastin hänet kuuluttamoon tekemään kuulutuksensa.

Paria tuntia myöhemmin, laulamisen lopetettuani, kohtasin naisen pääovella sisäänkäynnin luona. Hän odotti minua ja kertoi löytäneensä rukousnauhan. Joku oli nähnyt sen lojuvan terassin lattialla ja ottanut sen ajatellen, että se oli Amman lahja hänelle. Kuullessaan kaiuttimien välittämän kuulutuksen hän palautti sen.

Nainen sanoi: "Kiitos avustasi."

"Kiitä Ammaa, että hän oli niin myötätuntoinen, ettei halunnut sinun kadottavan luottamustasi", vastasin hänelle. Ennen kuin hyvästelin naisen sanoin vielä: "Täällä on monenlaisia ihmisiä, mutta kaikki rakastavat Ammaa; muuten et olisi enää nähnyt rukousnauhaasi."

Rakkaus & antaumus

Kysyjä: Amma, mikä on rakkauden ja antaumuksen välinen ero?

Amma: Rakkaus on ehdollista, antautunut ei aseta ehtoja.

Kysyjä: Mitä se tarkoittaa?

Amma: Rakkaudessa on rakastaja ja rakastettu, oppilas ja mestari, palvoja ja Jumala. Mutta antaumuksessa nämä kaksi katoavat. Jää vain mestari, vain Jumala.

Tiedostaminen &
tarkkaavaisuus

Kysyjä: Onko tiedostaminen *shraddha*a (rakkaus ja usko)?

Amma: Kyllä. Mitä enemmän sinulla on shraddhaa, sitä tiedostavampi olet. Tiedostamisen puute kasaa esteitä ikuiseen vapauteen suuntaavan taipaleelle. Sitä voi verrata autolla ajoon sumussa. Et näe mitään selvästi. Siinä on myös vaaransa, saatat joutua milloin tahansa onnettomuuteen, kun taas tiedostaen tehdyt teot auttavat sinua oivaltamaan synnynnäisen jumalallisuutesi. Ne auttavat sinua kehittämään valppauttasi hetki hetkeltä.

Usko tekee kaikesta yksinkertaista

Kysyjä: Miksi Itsen oivaltaminen on niin vaikeaa?

Amma: Totuus on, että Itsen oivaltaminen on helppoa, sillä *Atman* (Itse) on kaikkein lähimpänä meitä. Mieli tekee siitä vaikean.

Kysyjä: Mutta eivät pyhät kirjoitukset eivätkä suuret mestarit kuvaile sitä noin. Ne edellyttävät erittäin tiukkoja menetelmiä.

Amma: Pyhät kirjoitukset ja suuret mestarit pyrkivät aina tekemään siitä yksinkertaisen. Mestarit muistuttavat jatkuvasti, että *Itse* eli Jumala on synnynnäinen luontosi, mikä tarkoittaa, että et ole kaukana siitä. Todellisuudessa olet se, se on alkuperäinen olemuksesi. Mutta sinun on uskottava siihen voidaksesi omaksua sen totuutena. Uskon puute tekee tiestä rankan, usko puolestaan yksinkertaisen. Sanoessasi lapselle: "Olet kuningas", hän eläytyy siihen sekunnissa ja alkaa käyttäytyä kuin kuningas. Onko aikuisilla sellaista uskoa? Ei ole. Siksi se on heille vaikeaa.

Tavoitteeseen keskittyminen

Kysyjä: Amma, miten henkistä matkaa voi edistää?

Amma: Vilpittömällä *sadhanalla* (henkinen harjoitus) ja keskittymällä tavoitteeseen. Muista aina, että olet fyysisenä olentona tässä maailmassa, jotta saavuttaisit henkisyyden. Ajattelusi ja elämäsi tulisi muotoutua sellaiseksi, että se auttaa henkisen matkan etenemistä.

Kysyjä: Tarkoittaako tavoitteeseen keskittyminen kiintymättömyyttä?

Amma: Kun keskitytään tavoitteeseen, kiintymykset häviävät aivan itsestään, luonnollisesti. Esimerkiksi matkustaessasi jollekin toiselle paikkakunnalle tärkeään neuvotteluun mielesi on koko ajan keskittyneenä siihen, eikö niin? Saatat nähdä matkalla kauniita puistoja järvineen, viihtyisiä ravintoloita, temppujen tekijöitä esittämässä taitojaan viidellätoista pallolla ja niin edelleen; mutta viehättääkö sinua niistä mikään? Ei todellakaan. Mielesi ei ole kiinnostunut sellaisista näkymistä. Se on keskittynyt määränpäähän. Samoin jos olet ehdottoman keskittynyt tavoitteeseen, siitä seuraa itsestään kiintymyksistä vapautuminen.

Toiminta ja orjuus

Kysyjä: Jotkut ihmiset uskovat, että toiminta aiheuttaa esteen henkisellä tiellä, siksi toiminnasta tulisi pidättäytyä. Onko se totta?

Amma: Luultavasti tämä on laiskan ihmisen päättelyä. *Karma* (toiminta) itsessään ei ole vaarallista. Toiminta on vaarallista, ellei siihen sisälly myötätuntoa tai jos toimitaan omahyväisesti, taka-ajatuksia elätellen. Esimerkiksi kirurgin suorittaessa leikkausta hänen tulee olla erittäin valpas, mutta myös myötätuntoinen. Hänen tarkkaavaisuutensa laskee, jos hän murehtii kotiongelmiaan. Siinä tapauksessa potilaan elämä saattaa jopa vaarantua. Sellainen karma on *adharma*a (väärä toiminta). Onnistuneen leikkauksen jälkeen lääkäri tuntee tyytyväisyyttä, joka oikein ohjattuna voi auttaa häntä kohoamaan korkeammalle henkisesti. Toisin sanoen, kun karma toteutetaan niin, että käyttövoimana on tarkkaavaisuus ja myötätunto, tämä nopeuttaa henkistä matkaa. Päinvastoin toimittaessa eli kun teemme asioita vain vähän tiedostaen tai sitten täysin tiedostamatta ja vailla myötätuntoa, toiminnasta tulee vaarallista.

Arvostelukyvyn kasvattaminen

Kysyjä: Amma, miten erottelukyky kasvaa?

Amma: Meditatiivisen toiminnan avulla.

Kysyjä: Onko erottelukyinen mieli kypsä mieli?

Amma: Kyllä. Henkisesti kypsä mieli.

Kysyjä: Onko sellaisella mielellä suuremmat kyvyt?

Amma: Suuremmat kyvyt ja ymmärtämys.

Kysyjä: Minkä ymmärtämys?

Amma: Kaiken ymmärtäminen, jokaisen tilanteen ja kokemuksen.

Kysyjä: Tarkoitatko jopa epämiellyttäviä ja tuskallisia tilanteita?

Amma: Kyllä. Kaikkea. Jopa kipeillä kokemuksilla on syvemmin ymmärrettynä myönteinen vaikutus elämäämme. Kaikkien kokemusten, niin huonojen kuin hyvienkin pinnan alla on henkinen sanoma. Joten kaiken näkeminen ulkoapäin on materialismia ja kaiken näkeminen sisästä käsin on henkisyyttä.

Viimeinen ponnahdus

Kysyjä: Amma, onko etsijän elämässä jokin sellainen vaihe, jolloin hänen on kerta kaikkiaan vain odotettava?

Amma: Kyllä. Kun *sadhaka* (henkinen etsijä) on tehnyt henkisiä harjoituksia pitkään eli, kun hän on ponnistellut ja tehnyt kaiken välttämättömän, hän pääsee pisteeseen, jolloin hänen on lopetettava *sadhana* (henkinen harjoitus) kokonaan. Hänen on vain odotettava kärsivällisesti, kunnes oivallus tapahtuu.

Kysyjä: Pystyykö etsijä tuolloin tekemään ponnahduksen yksin?

Amma: Ei. Se on tosiaan ratkaisun hetki, jolloin sadhaka tarvitsee valtavasti apua.

Kysyjä: Antaako *Guru* (mestari) tuon avun?

Amma: Kyllä. Vain *Satguru*n (todellinen mestari) armo voi auttaa sadhakaa tuossa tilanteessa. Sadhakalta edellytetään tuolloin ehdotonta kärsivällisyyttä. Tehtyään kaiken voitavansa - ponnisteltuaan kaikin voimin hän on nyt avuton. Hän ei tiedä, miten otetaan viimeinen askel. Etsijä saattaa tuolloin jopa hämmentyä ja palata takaisin maailmaan ajatellen, ettei Itsen oivaltamista olekaan. Vain Satgurun läsnäolo ja armo innostavat etsijää ja auttavat häntä ylittämään tuon tilan.

Amman elämän onnellisin hetki

Kysyjä: Amma, mikä on elämäsi onnellisin hetki?

Amma: Jokainen hetki.

Kysyjä: Mitä se tarkoittaa?

Amma: Amma tarkoittaa olevansa jatkuvasti onnellinen. Mitä Ammaan tulee, on olemassa vain puhdas rakkaus.

Amma ei sanonut mitään vähään aikaan. Darshan (halaus) jatkui. Sitten eräs oppilas toi Ammalle siunattavaksi kuvan, jossa Kali jumalatar tanssii Shivan (hindujumala) rintakehän päällä. Amma näytti kuvaa kysymysvuorossa olevalle henkilölle.

Amma: Katso tätä kuvaa. Vaikka Kali on pelottavan näköinen, hän on autuuden tilassa. Tiedätkö miksi? Koska hän on juuri irrottanut rakkaan oppilaansa pään eli egon. Päätä pidetään egon tyyssijana.

Kali juhlii tuota suurenmoista hetkeä, jolloin oppilas on täysin vapaa egostaan. Jälleen yksi kauan pimeydessä vaeltanut sielu on vapautettu *maya*n (illuusio) kahleesta.

Ihmisen saavuttaessa vapautuksen koko luomakunnan *kundalini shakti* (henkinen, jumalallinen energia) kohoaa ja herää. Tuosta hetkestä alkaen, hän näkee kaiken jumalallisena. Ja siitä alkaa loputon juhlan vietto. Niinpä Kali tanssii hurmioissaan.

Kysyjä: Tarkoitatko, että myös sinulle on onnellisin se hetki, jolloin lapsesi pystyy kohoamaan egonsa tuolle puolen?

Säteilevä hymy syttyi Amman kasvoille.

Amman antamista
lahjoista suurin

Iäkäs oppilas, jolla oli pitkälle edennyt syöpä, tuli Amman darshaniin. Mies tiesi kuolevansa hyvin pian ja sanoi siksi: "Näkemiin Amma. Hyvin paljon kiitoksia kaikesta, mitä olet antanut minulle. Olet antanut puhtaan rakkautesi sataa tämän lapsesi ylle, ja olet näyttänyt suunnan tämän kivulloisen jakson aikana. Ilman sinua olisin luhistunut kauan sitten. Säilytä tämä sielu aina lähelläsi."

Tämän sanottuaan oppilas otti Ammaa kädestä ja piteli sitä rintaansa vasten. Sitten mies puhkesi itkuun peittäen kasvonsa käsillään. Amma nosti hänet hellästi olkaansa vasten samalla pyyhkien omille poskilleen virtaavia kyyneleitä.

Kohottaessaan miehen pään sylistään Amma katsoi häntä syvälle silmiin. Mies lakkasi itkemästä. Hän vaikutti jopa iloiselta ja voimakkaalta. Mies sanoi: "Amma, kiitos kaiken antamasi rakkauden, lapsesi ei ole surullinen. Ainoa huoleni on, tulenko olemaan sylissäsi myös kuolemani jälkeen. Siksi itkin. Muuten kaikki on hyvin."

Katse rakkautta ja huolenpitoa huokuen Amma katsoi miestä syvälle silmiin ja sanoi hellästi: "Lapseni, älä ole huolissasi. Amma vakuuttaa, että jäät ikiajoiksi hänen syliinsä."

Yhtäkkiä miehen kasvoille syttyi valtava ilo. Hän vaikutti hyvin rauhaisalta. Silmät yhä kyyneleisinä Amma seurasi katseellaan miestä tämän astellessa poispäin.

Rakkaus tekee kaiken eläväksi

Kysyjä: Amma, jos kaikki on tietoisuuden täyttämää, onko myös elottomilla esineillä tietoisuus?

Amma: Niillä on tietoisuus, jota et voi kokea tai ymmärtää.

Kysyjä: Miten se voisi olla ymmärrettävissä?

Amma: Puhtaan rakkauden kautta. Rakkaus tekee kaikesta elävää ja tiedostavaa.

Kysyjä: Minussa on rakkautta, mutta en näe kaikkea elävänä ja tiedostavana.

Amma: Se tarkoittaa sitä, että rakkaudessasi on jotain vikaa.

Kysyjä: Rakkaus on rakkautta. Miten rakkaudessa voi olla jotain vikaa?

Amma: Todellinen rakkaus auttaa meitä kokemaan elämän ja sen voiman kaikkialla. Jos rakkautesi ei auta sinua näkemään sitä, se ei ole todellista rakkautta. Se on kuviteltua rakkautta.

Kysyjä: Mutta tämä on jotakin vaikeasti ymmärrettävää ja toteutettavaa, eikö totta?

Amma: Ei. Ei ole.

Nainen vaikenee hämillisen näköisenä.

Amma: Ei se ole niin vaikeaa kuin luulet. Itse asiassa, melkein jokainen toimii sen mukaisesti, siitä ei vain olla tietoisia.

Juuri tuolla hetkellä eräs oppilas toi kissansa Amman siunattavaksi. Amma vaikeni. Hän piteli kissaa hetken aikaa hyväillen sitä hellästi. Sitten hän laittoi lempeästi hieman santelipuun tahnaa kissan otsaan ja syötti sille yhden "Hersheyn" suklaamakeisen.

Amma: Poika vai tyttö?

Kysyjä: Tyttö.

Amma: Mikä sen nimi on?

Kysyjä: Ruusu…(hyvin huolestuneesti). Se ei ole voinut hyvin pariin päivään. Ole kiltti, Amma, siunaa Ruusu, niin että se toipuu nopeasti. Se on uskollinen ystäväni ja seuralaiseni.

Kun nainen sanoi nuo sanat, hänen silmänsä kyyneltyivät. Amma hieroi kissaa hellästi pyhitetyllä tuhkalla ja antoi sen sitten takaisin omistajalleen, joka lähti Amman luota onnellisena.

Amma: Tuolle tyttärelle hänen kissansa ei ole vain eräs miljoonien joukossa. Hänen kissallaan on erityinen merkitys. Se on hänelle melkein kuin ihminen. "Ruusu" on hänelle merkittävä yksilö.

Miksi? Koska hän rakastaa tuota kissaa niin paljon. Hän on erittäin samastunut siihen.

Eivätkö ihmiset toimi kaikkialla samalla tavalla? He antavat nimen kissoilleen, koirilleen, linnuilleen ja joskus jopa puille. Saatuaan sen omakseen ja annettuaan sille nimen tuolle henkilölle eläimestä, linnusta tai kasvista tulee yksilö, joka erottuu muista samaan lajiin kuuluvista. Se saa yhtäkkiä aseman, joka tekee siitä pelkkää olentoa arvokkaamman. Ihmisen samastuminen siihen antaa sen elämälle uuden merkityksen.

Tarkkaile pieniä lapsia. Nukke on heille elävä olento, jolla on oma tietoisuus. He keskustelevat nuken kanssa, syöttävät sitä ja nukkuvat sen kanssa. Mikä tekee nukesta elävän? Eikö lapsen rakkaus sitä kohtaan tee siitä elävän? Rakkaus voi tehdä jopa esineestä elävän ja tietoisen.

Kerro Ammalle, onko sellainen rakkaus vaikeaa?

Suuri anteeksiantamisen oppitunti

Kysyjä: Amma, onko jotain mitä haluat kertoa minulle nyt? Jokin erityinen, tämän hetkistä elämääni koskeva ohje?

Amma: (hymyillen) Ole kärsivällinen.

Kysyjä: Onko siinä kaikki?

Amma: Se on paljon.

Mies kääntyi, ja oli jo ottanut joitakin askeleita poispäin, kun Amma vielä lisäsi: "...ja anna myös anteeksi."

Kuullessaan Amman sanat mies kääntyi ja kysyi: "Puhuitko minulle?"

Amma: Kyllä. Sinulle.

Mies palasi takaisin Amman istuimen luo.

Kysyjä: Olen varma, että tarkoituksesi on vihjata minulle jotain. Siitä minulla on aikaisempaa kokemusta. Amma, ole hyvä, kerro selkeästi mitä tarkoitat.

Amma jatkoi darshania ja mies odotti kuullakseen lisää. Hetkeen Amma ei sanonut mitään.

Amma: Täytyy olla jokin tapahtuma tai tilanne, joka tuli yhtäkkiä mieleesi. Olisitko muuten reagoinut niin nopeasti, kun kuulit Amman sanovan "ja anna myös anteeksi?" Poikani, sinä et reagoinut samalla tavalla, kun Amma sanoi sinulle "ole kärsivällinen." Hyväksyit sen ja lähdit menemään, eikö niin? Joten on jotain, joka todella vaivaa sinua.

Kuultuaan Amman sanat mies istui hetken hiljaa pää painuneena. Yhtäkkiä hän rupesi itkemään peittäen kasvonsa käsillään. Amma ei kestänyt nähdä lapsensa itkevän. Hän alkoi hellästi pyyhkiä miehen kyyneleitä ja hieroa hänen rintakehäänsä.

Amma: Poikani, älä ole murheellinen. Amma on sinun kanssasi.

Kysyjä: (nyyhkyttäen) Olet oikeassa, olen kyvytön antamaan anteeksi pojalleni. En ole puhunut hänen kanssaan vuoteen. Olen syvästi loukkaantunut ja vihainen. Amma, ole hyvä, auta minua.

Amma: (katsellen häntä myötätuntoisesti) Amma ymmärtää.

Kysyjä: Eräänä päivänä, noin vuosi sitten, hän tuli kotiin aivan umpihumalassa. Kysyessäni syytä hänen käytökseensä hän muuttui hyökkääväksi ja huusi minulle. Sitten hän alkoi paiskia lautasia ja rikkoa tavaroita. Kadotin täysin itsehillintäni ja heitin hänet ulos talosta. En ole nähnyt häntä enkä puhunut hänelle sen jälkeen.

Mies oli hyvin onnettoman näköinen.

Amma: Amma näkee sinun sydämeesi. Kuka tahansa olisi menettänyt itsehillintänsä tuollaisessa tilanteessa. Älä kanna syyllisyyttä tuosta tapahtumasta. On kuitenkin tärkeää, että annat hänelle anteeksi.

Kysyjä: Haluan, mutta olen kyvytön unohtamaan ja luovuttamaan. Kun sydämeni antaisi anteeksi, mieleni kiistää. Mieli sanoo: "Miksi sinun pitäisi antaa hänelle anteeksi? Hän teki virheen, joten hänen on kaduttava ja tultava pyytämään sinulta anteeksi."

Amma: Poikani, haluatko todellakin ratkaista tilanteen?

Kysyjä: Kyllä, Amma. Haluan, että me pääsemme taas sovintoon.

Amma: Jos haluat, niin älä koskaan kuuntele mieltäsi. Mieli ei pysty parantamaan eikä ratkaisemaan ainuttakaan tuollaista tilannetta. Mieli päinvastoin pahentaa sitä ja hämmentää sinua yhä enemmän.

Kysyjä: Amma, minkä neuvon antaisit?

Amma: Amma ei ehkä voi sanoa sellaista, mitä haluaisit kuulla. Amma voi kuitenkin kertoa, mikä todella auttaa tervehdyttämään tuota tilannetta ja sovinnon syntymistä sinun ja poikasi kesken. Ole luottavainen, asiat selviävät vähitellen.

Kysyjä: Amma, ole hyvä, ohjaa minua. Yritän tehdä parhaani ja noudattaa ohjeitasi.

Amma: Mitä tapahtui, se tapahtui. Ensinnäkin suostu hyväksymään se. Saat myös olla varma, että silloisten tapahtumien taustalla oli vielä jokin, tuon tapahtumien ketjun aikaan saanut tuntematon tekijä. Mielesi on jääräpäinen; se on innokas syyttämään poikaasi kaikesta. Ehkä hän onkin syypää tuohon tilanteeseen, joka tapauksessa…

Kysyjä: (huolestuen) Amma, aioit sanoa jotakin, mutta keskeytit.

Amma: Amma kysyisi sinulta, oletko ollut hyvin kunnioittava ja rakastava vanhempiasi kohtaan, etenkin isääsi kohtaan?

Kysyjä: (jokseenkin hämmentyneenä) Äitiäni kohtaan olen. Hänen kanssaan oli erittäin kaunis suhde... mutta isäni kanssa oli kamalaa.

Amma: Miksi?

Kysyjä: Koska hän oli hyvin ankara. Minun oli vaikeaa hyväksyä hänen käyttäytymistään.

Amma: Etkö myös sinä ollut joissakin tilanteissa hänelle hyvin töykeä, ja loukkasit siten hänen tunteitaan?

Kysyjä: Kyllä.

Amma: Tämä merkitsee sitä, että saat nyt oman poikasi sanojen ja tekojen kautta sen, mitä itse olet isällesi tehnyt.

Kysyjä: Amma, luotan sanoihisi.

Amma: Poikani, kärsit erittäin paljon kireästä isäsuhteestasi, etkö kärsinytkin?

Kysyjä: Kyllä.

Amma: Annoitko hänelle koskaan anteeksi niin, että sait suhteenne korjatuksi?

Kysyjä: Kyllä, joitakin päiviä ennen hänen kuolemaansa.

Amma: Poikani, haluatko omalle pojallesi saman piinan, kuin itselläsi oli?

Mies purskahti itkuun ja päätään puistellen sanoi: "En, Amma, en... missään nimessä. "

Amma: (pitäen häntä lähellään) Siinä tapauksessa anna pojallesi anteeksi, sillä se on tie rauhaan ja rakkauteen.

Mies istui Amman vierellä ja meditoi pitkään. Lähtiessään hän sanoi: "Tunnen itseni niin helpottuneeksi ja vapautuneeksi. Aion tavata poikani niin pian kuin suinkin. Kiitos Amma. Paljon kiitoksia."

Darshan

Kysyjä: Miten sinua tulee lähestyä kokeakseen *darshan*in (mestarin vastaanotto) voimakkaasti?

Amma: Miten kukan kauneus ja tuoksu koetaan vahvasti? Avautumalla kukalle täysin. Olettakaamme, että nenäsi on tukossa, silloin et pysty kokemaan sitä. Sama koskee Amman darshania. Hukkaat sen, jos tuomitsevat ajatukset ja ennakkoluulot ovat tukkineet mielesi.

Tiedemiehelle kukka on tutkimuksen kohde, runoilijalle runojen innoittaja. Entä muusikolle? Hän laulaa kukasta. Luontaisparantaja näkee siinä arvokkaan lääkkeen, eikö totta? Eläimelle tai hyönteiselle se merkitsee vain ruokaa. Kukaan ei näe kukkaa puhtaasti kukkana. Aivan samoin ihmiset ovat luonnostaan erilaisia. Amma ottaa vastaan kaikki samalla tavoin, antaa jokaiselle saman mahdollisuuden, samaa rakkautta, samaa darshania. Hän ei hylkää ketään, sillä kaikki ovat hänen lapsiaan. Darshan koetaan kuitenkin erilaisena itse kunkin vastaanottokyvystä riippuen.

Darshan on jatkuvaa, loputonta virtaamista. Sinun tulee vain vastaanottaa se. Jos voit täysin vetäytyä mielen vaikutuspiiristä, vaikka sekunniksikin, silloin darshan tapahtuu koko runsaudessaan.

Kysyjä: Tuossa mielessä siis jokainen saa joka tapauksessa darshanisi?

Amma: Se riippuu siitä, miten avoin kyseinen henkilö on. Mitä avoimempi, sitä enemmän saa darshanista ja vaikkei ihan kaikkea saisikaan, jokainen saa välähdyksen.

Kysyjä: Mistä välähdyksen?

Amma: Välähdyksen, siitä mitä he todella ovat.

Kysyjä: Tarkoittaako se sitä, että he saavat välähdyksen myös siitä, mitä sinä todella olet?

Amma: Sinussa ja Ammassa on sama todellisuus.

Kysyjä: Mikä se on?

Amma: Rakkauden autuaallinen hiljaisuus.

Ei olettamista, vaan luottamista

Haastattelija: Amma, mikä on sinun tarkoituksesi tällä planeetalla?

Amma: Mikä on *sinun* tarkoituksesi tällä planeetalla?

Haastattelija: Olen asettanut tavoitteita elämälleni. Oletan olevani täällä toteuttaakseni niitä.

Amma: Myös Amma on täällä toteuttamassa tiettyjä tavoitteita tämän ihmiskunnan hyväksi. Päinvastoin kuin sinä, Amma ei vain *oleta*, että nuo tavoitteet tultaisiin saavuttamaan, Ammalla on täysi luottamus siihen, että nuo tavoitteet tulevat toteutumaan.

AUM TAT SAT